春陽堂ライブラリー

003

ことばのみがきかた

短詩に学ぶ日本語入門

今野真二
KONNO Shinji

SHUNYODO Library

ことばのみがきかた——短詩に学ぶ日本語入門

目次

第一部
いまの日本語

第一章　斎藤茂吉の短歌をよむ

第二章

茂吉と二人の歌人

第三章

災後の日本語を考える

凡例

一、斎藤茂吉作品の引用に関しては、原則として『齋藤茂吉全集』全三六巻（岩波書店、一九七三〜七六年）を底本とし、異なる場合は前後にその旨を示した。茂吉作品以外の引用については、前後に出典を示した。
二、引用にあたって、漢字は「常用漢字表」にあるものはその字体とし、仮名は原文通りとした。
三、人名に使われている漢字は、なるべく保存した。

はじめに

本書はどうすれば、いま、自身が使っている「ことば」を「みがく」ことができるか、ということについて考えることを目的としている。「考える」のは、筆者であり、読者であるみなさんだ。「ミガク（磨）」は固いものをぴかぴかにするような感じであるが、その「固いもの」は「ことば」についての固定観念かもしれない。まずその「固定観念」をほぐして、それから再び組み立てて、それを磨き上げるというような感じで本書を捉えていただければと思う。それは、結局は（ことばについての）考え方を変えるというようなことでもあるだろう。

人間と言語との関係

人間と言語との関係はよくわかっていることもあれば、そうでもないこともある。本書ではこういうモデルに従って、考え、述べていきます、ということをまず示しておきたい。

何か他者に伝えたいことがあるとする。それを「他者に伝えたい情報」と呼ぶことにする。この「他者に伝えたい情報」は言語に依らなければ他者に伝えることができないとまではいえない。怒っている時に、怒った顔を紙に描いて他者に見せ、それと同じような顔をしていれば、だいたいの人は「この人は怒っているのだな」とわかる。「他者に伝えたい情報」を絵画的表現によって伝えたということだ。

あるいは怒って暴れている様子を動画に撮影して送る。メールで怒った顔の顔文字だけを幾つも送る。そんなメールが来たらびっくりするが、やはり「怒っているな」ということはわかる。だから、言語に依らなければ「情報」を伝えることができないわけではない。

ただし、怒っているとか喜んでいるとか、そういういわば単純なことであれば、言語に依らなくても他者に伝えることができそうだが、もっと複雑な感情やもっと複雑なことがらだったらどうだろうか。「明日天気がよかったら上野公園に桜を見に行こう、天気がよくなかったら、上野精養軒でランチを食べよう」という複雑な「情報」を絵画的表現で伝えられるだろうか。できないことはないかもしれないが、正確に伝わるかどうか。こういう「情報」を絵文字一つで伝えることができないことはすぐにわかる。

これは「複雑なことがら」であるが、同様に「複雑な感情」も簡単には伝えにくいことはわかる。やはり「複雑なことがら」や「複雑な感情」は言語に依らなければ他者に伝えることができないだろう。

「他者に伝えたい情報」を言語にするプロセスを「言語化」と呼ぶことにしよう。「言語化」された「情報」は「はなしことば」または「書きことば」のいずれかによって「かたち」を持つ。「情報」が「はなしことば」になるプロセスを「音声化」、「情報」が「書きことば」になるプロセスを「文字化」と呼ぶことにしよう。

右では「情報の内容」を「ことがら」と「感情」とに分けた。実際にアウトプットされた「はなしことば」「書きことば」が、これは「ことがら」を述べたもの、これは「感情」を述べたもの、と截然と分かれるわけではないことはいうまでもない。「感情」は後景に退き、もっぱら「ことがら」だけが述べられる、しかし背後には強い「感情」が隠されているということはあるだろう。したがって、実際としては、どこにどのように「感情」が言語化されているか、ということになりそうだ。

「ことがら」を伝える言語はおおよそわかりやすい。「雪のために電車がとまっています」という文に「感情」がないとはいえないだろうが、伝えたい「情報」が「ことがら」寄りであることはたしかだ。「他者に伝えたい【ことがら】情報」を正確に他者に伝えること、これはまず必要なことだ。そして次にはやはり「他者に伝えたい【感情】情報」を正確に、というよりは、うまく、他者に伝えることが重要だ。これは「発信側」からであるが、自身が「受信側」になった場合は、他者がどのような「【感情】情報」を伝えようとしているかを的確につかむことが重要になってくる。

人間は「感情」を持つ。そのことからすれば、「【感情】情報」のやりとりを滑らかにすることは、生きていく上で重要といってよい。そこは是非みがいておきたい。本書は第二部において、斎藤茂吉の短歌作品を採りあげ、それを素材として日本語の表現について考えてみる。それは、短歌という詩的言語には「【感情】情報」が托されることが多いからだ。詩的言語によって、言語についての感覚を研ぎ澄ましていく、という感じだ。

はなしことばと書きことば

家族と話す、友達と話す、その時に使っているのが「はなしことば」だ。学校で授業を聞きながら授業内容をノートにまとめる、レポートを書く、その時に使っているのが「書きことば」だ。「はなしことば」を使うという表現には違和感はないかもしれないが、「書きことば」を使うという表現には違和感があるかもしれない。「書きことば」という、「はなしことば」とは異なる「ことば」があるという実感があまりないという人もいるかもしれない。

しかし、授業をうまくノートにまとめる、レポートをうまく書く、小論文をうまく書く、となれば、うまい・下手があることになる。やはり「書きことば」は誰でも同じように使えるということでもなさそうだ。

「はなしことば」は話すそばから消えていく。だからその場にいなければ「はなしことば」を聞くことができない。これを「現場性」と呼ぶことにしよう。「はなしことば」は「現場性」が強い。話すそばから消えていくということはあるが、「聞き手」は「話し手」が話しているのを見ている。「話し手」が話す時にどのような表情で、どのような身振り手振りで話しているかがわかる。声の大きさや調子もわかる。このような「表情・身振り手振り・声の大きさ・調子」などを「言語外情報」と呼ぶことにしてみよう。「はなしことば」はいろいろな言語外情報を伴っている。

現場性が強く、いろいろな言語外情報を伴っているのが「はなしことば」だとすると、「書きことば」にはそれらがあまりない。つまり、「書きことば」は現場性が弱く、言語外情報もあまり伴っていない。「現場性が弱い」というと「書きことば」はよくないように思われるかもしれないが、それは「現場」に縛られない、拘束されない、と言い換えることができる。話すそばから消えていく「はなしことば」を、文字に記しとどめることによって、時間を超え、空間を超えるようにする。それが「書きことば」のもっとも重要な役割だといってよい。

時間、空間を超えるためには、かたちを整えて効率よく「情報」を「書きことば」に収めておく必要がある。そこに「スキル」が求められる。「はなしことば」は自然に修得できる。しかし「書きことば」は自然に修得できない。学ぶ必要がある。学ぶということはうまく修得できる人とうまく修得できない人がいるということでもある。つまり「書きことば」の運用能力＝リテラシーには差がでる。

「はなしことば」と「書きことば」とはどちらも日本語であっても、異なる「言語態」といってよい。だから友達とたくさん話したからといって「書きことば」が修得できるわけではない。現在は「プレゼンテーション」ということがよく話題になる。「プレゼンテーション」は友達とのおしゃべりとは異なる。不特定多数の他者に、「はなしことば」によって自身が「他者に伝えたい情報」を伝えるということだ。そうなると、他者すなわち「聞き手」がわかりやすい「かたち」に「情報」を収める必要がある。そうであるとすれば、その点においては、「書きことば」に近い。本書ではおもに「書きことば」を素材、話題として「ことばをみがく」ということを考えていく。それは筆者が、「書きことば」がブラッシュアップできれば、「はなしことば」も自然にブラッシュアップできると考えているからだ。いや、「はなしことば」のブラッシュアップは、また別だ、という「みかた」もあるだろう。いやそれを否定するつもりはないが、本書では「書きことば」側から考えを進めていくことにしたい。

ことがらと感情

第一部では、いま、どのような日本語が使われているかということを具体的に採りあげながら、「ことばをみがく」ということについて考えてみたい。前述したが、「伝えたい情報」には「【ことがら】情報」と「【感情】情報」とがある。

本書の第一部では、おもに「【ことがら】情報」の言語化について話題にしていきたい。第一章では新聞の文章を見ながら、話の「筋」の通し方を考えてみる。第二章では「抽象」と「具体」ということを考え併せながら、「言語量」ということについて話題にしてみたい。第三章では「ことがら／感情」「抽象／具体」ということを視野に入れながら「情報」を過不足なくバランスよく言語化するということを話題にしていきたい。

「バランスよく言語化」は自然にそうなるものではない。つまりさまざまなタイプの「情報」を「書きことば」という「器」に「バランスよく」収めている「人＝主体」がいるということだ。それは「統一的に」ということでもある。「情報」を得るためにインターネットに検索をかける。インターネット上には、自身がいま求めている「情報」にかかわる情報がいろいろなかたちで存在している。必要な「情報」を抽出し、不必要な「情報」を除き、「まとめる」必要がある。その「まとめる」が「統一的に」だ。いろいろな「情報」をどんどんとりこんで拡大していくとまとまりがなくなっていく。「統一感がない」ということだ。いろいろな人が提供した「情報」をまとめることなく集積していくとかえってわかりにくくなる。紙の辞書は言語量を制限して、その範囲内で編集担当者という「人＝主体」がまとめていることが重要であるという「みかた」が成り立ちそうだ。

詩歌に学ぶ感情表現

第二部では「【感情・感覚】情報」の伝え方というテーマを遠くに設定して、圧縮された短歌作品のことばに、どのように「【感情・感覚】情報」が盛り込まれているかということについて、短歌作品を「よむ」ということを通して考えてみたい。ある箇所では、「【感情・感覚】情報」がどのように盛り込まれているかということがら寄りに話が展開し、ある箇所では、短歌作品を「よむ」ということがら寄りに話が展開するだろう。そういう「幅」の中で、「感情や感覚を表現する」ということについていろいろと考えるきっかけになればと思う。

第一章では斎藤茂吉の短歌作品を採りあげ、第二章では歌人である塚本邦雄、岡井隆などが斎藤茂吉作品をどのように「よむ」かということを通して、短歌作品を「よむ」ということについて、さらには「【感情・感覚】情報」をどのように言語化するか、ということについて考えてみたい。第三章では、「圧縮」ということを離れ、戦争中や大きな災害の後、すなわち「非常時」にどのようなことばが使われるか、ということについて考えてみたい。

幾つかのことがらについて整理を試みた。これらのことを少し頭に入れて、以下を読んでいただければと思う。

第一部

いまの日本語

事と心

本居宣長は『うひ山ぶみ』（一七九八年）という初学者向けのテキストの中で次のように述べている。

大かた人は、言《コトバ》と事《ワザ》と心《ココロ》と、そのさま大抵相かなひて、似たる物にて、たとへば心のかしこき人は、いふ言のさまも、なす事《ワザ》のさまも、それに応じてかしこく、心のつたなき人は、いふ言のさまも、なすわざのさまも、それに応じてつたなきもの也

（『本居宣長全集』第一巻、一九六八年、筑摩書房、十七頁）

宣長は「ことば」「わざ」「こころ」を分けて捉えている。右では「なすわざ」とあるので、「わざ」は〈行動〉と捉えるのがもっとも自然であろうが、言語化された文献ということを考えた場合、文献には〈行動〉が言語で記されていることになる。過去の誰かの行動を直接見ることはできない。それは言語を通して知るしかない。となると、「事」には言語化された「情報」のうちの「【感情】情報」ではない「情報」すなわち「【ことがら】情報」も含ま

れることになる。

言＝言語
事＝〈行動〉＋「【ことがら】情報」
心＝心情・感情

本居宣長の言説を右のように整理してみると、先に述べたこととほぼ重なってくる。そして宣長は「心」を重視した。それが有名な「もののあはれ」であろう。

夏目漱石は『文学論』（一九〇七年）の冒頭で「凡そ文学的内容の形式は（F＋f）なることを要す。Fは焦点的印象又は観念を意味し、fはこれに附着する情緒を意味す。されば上述の公式は印象又は観念の二方面即ち認識的要素（F）と情緒的要素（f）との結合を示したるものと云ひ得べし」（『定本漱石全集』第十四巻、二〇一七年、岩波書店、二十七頁）と述べている。本居宣長の言説と夏目漱石の言説とを重ね合わせようとするのは乱暴といえば乱暴だ。しかし、宣長の「事」は漱石の「認識的要素（F）」と、宣長の「心」は漱石の「情緒的要素（f）」と重なり合いを持つとみることは可能だろう。

本書は「言語＝言」について述べることを目的としている。したがって、「心情・感情＝心」がどのように言語化されるかということを話題にする。言語化された「心情・感情＝心」を（逆に）たどっていけば、「心」のありかたにたどりつくことになる。「心のありかた」を探ることは本書の主たる目的ではないけれども、結局は「心のありかた＝心性《メンタリティ》」を話題にしなければ、言語化された「心情・感情＝心」について考えることができない場合もある。本書では、必要に応じて、言語について考えながら、「心性」についても併せて考えてみたいと考えている。

抽象と具体

「ことがら」の捉え方には、総合的に捉える捉え方と具体的に捉える捉え方とがある。「総合的」は「抽象的」ということではないけれども、両者は重なることがある。また「具体的」は「部分的」ということではないけれども、両者は重なることがある。こうしたことも言語をめぐっては重要な観点になる。

どのように捉えると「総合的」かということは案外と難しい場合があるが、「具体的」は比較的わかりやすいのではないだろうか。そして「具体的」は、「感覚的」ということとつながりやすい。「具体的」に捉えると「五感＝視覚・聴覚・嗅覚・触覚・味覚」「感覚」に裏打ちされた「イメージ」を伴いやすい。

「ことがら」を「総合的」に捉えようとすると、どうしても細部すなわち「具体」をある程度捨象する必要がある。細部、「具体」を注視している時に、同時に全体を捉えることは難しい。

言語は「線条性」という特徴を持つ。簡単にいえば、初めがあって終わりがある一本の線のような性質を帯びているということだ。「初めがあって終わりがある」ということは時間とかかわるということでもあるし、「情報」を並べざるを得ないということでもある。最初にどの「情報」を置き、その次にどの「情報」を置くかということをつねに考える必要がある。「初め」から聞き、読むのだから初めに置かれている「情報」の重要度は自然とたかくなる。「総合的」にも述べ、同時に「細部」も述べるということはできない。夏目漱石『門』から一つの段落を引用してみよう。

崖《がけ》は秋《あき》に入《い》つても別に色《いろ》づく様子もない。たゞ青い草の匂《にほひ》が褪《さ》めて、不揃《ぶそろ》にもぢやくする許《ばかり》である。薄《すゝき》だの蔦《つた》だのと云ふ洒落《しやれ》たものに至つては更《さら》に見当らない。其代り昔《むかし》の名残りの孟宗が中途に二本、上《うへ》の方に三本程すつくりと立つてゐる。夫《それ》が多少黄《き》に染《そ》まつて、幹《みき》に日の射《さ》すときなぞは、軒《のき》から首《くび》を出すと、土手《どて》の上《うへ》に秋《あき》の暖味《あたゝかみ》を眺《なが》められる様な心持がする。宗助は朝出《あさで》て四時過《すぎ》に帰る男だから、日の詰《つま》る此頃は、滅多《めつた》に崖《がけ》の上《うへ》を覗《のぞ》く暇《ひま》を有《も》たなかつた。暗《くら》い便所から出《で》て、手水鉢《ちようずばち》の水《みづ》を手に受《う》けながら、不図《ふと》廂《ひさし》の外《そと》を見上《みあ》げた時《とき》、始めて竹の事《こと》を思ひ出《だ》した。幹《みき》の頂《いたゞき》に濃《こま》かな葉《は》が集《あつ》まつて、丸で坊主頭《あたま》の様に見える。それが秋の日《ひ》に酔《よ》つて重《おも》く下《した》を向《む》いて、寂《ひつ》そりと重《かさ》なつた葉が一枚も動《うご》かない。

（傍線は引用者。『定本漱石全集』第六巻、二〇一七年、岩波書店、三五一頁）

傍線を施した「崖《がけ》は秋《あき》に入《い》つても別に色《いろ》づく様子もない」「秋《あき》の暖味《あたゝかみ》」「宗助は朝出《あさで》て四時過《すぎ》に帰る男だから、日の詰《つま》る此頃は、滅多《めつた》に崖《がけ》の上《うへ》を覗《のぞ》く暇《ひま》を有《も》たなかつた」はいずれも、どちらかといえば「総合的」でかつ「全体的」「抽象的」な捉え方といえるだろう。「秋《あき》の暖味《あたゝかみ》」は「アキノアタタカミ」を文字化したものであろうが、右の行《くだ》りではもっとも「抽象度」の高い表現といってもよいだろう。

その一方で、「青い草の匂《にほひ》が褪《さ》めて、不揃《ふぞろ》にもぢや〱する許《ばかり》である」や孟宗竹が「中途に二本、上《うへ》の方に三本程すつくりと立つてゐる。夫《それ》が多少黄《き》に染《そ》まつて、幹《みき》に日の射《さ》す」「幹《みき》の頂《いたゞき》に濃《こま》かな葉《は》が集《あつ》まつて、丸で坊主頭《あたま》の様に見える。それが秋の日《ひ》に酔《よ》つて重《おも》く下《した》を向《む》いて、寂《ひつ》そりと重《かさ》なつた葉が一枚も動《うご》かない」は「具体的」といってよい。秋という季節に「曖昧」を感じるということはどういうことか。それを崖の中途に二本、上の方に三本ばかり「すつくりと立つてゐる」孟宗竹が「多少黄《き》に染《そ》まつて、幹《みき》に日の射《さ》すとき」に感じると説明する。その説明によって、読者すべてが「ああ、そういう感じか」と腑に落ちるとは限らない。しかし、漱石はとにかくそういう説明を（説明のつもりではないかもしれないが）した。

右は一つの段落だから、一つのまとまりを形成しているはずだ。そのまとまりの終わりに「幹《みき》の頂《いたゞき》に濃《こま》かな葉《は》が集《あつ》まつて、丸で坊主頭《あたま》の様に見える。それが秋の日《ひ》に酔《よ》つて重《おも》く下《した》を向《む》いて、寂《ひつ》そりと重《かさ》なつた葉が一枚も動《うご》かない」という二つの文を置いた。竹の幹の頂の葉の密集が「坊主頭《あたま》の様に見える」とはどういうことか。ただ「ありのまま」を描写しただけか、「坊主頭」には漱石の何らかの「イメージ」が投影されているのか。「酔《よ》つて重《おも》く下《した》を向《む》いて、寂《ひつ》そりと重《かさ》なつた葉が一枚も動《うご》かない」とはどういうことか。

大学生に「どういうことか」と質問したら、「ネガティブなイメージを感じる」と答えるかもしれない。なんでも「ポジティブ／ネガティブ」で片付けるのは単純過ぎると思うが、どちらかといえばそうだろう。それを「心」と結びつけるのがふさわしいかどうか。いろいろとわからないことはあるが、このように「文章」は重層的になっている。『門』は小説であり、(F+f)に気づいた漱石の作品であるからことさらそうかもしれない。しかし、いずれにしても「文章」というものは単純ではない。

これらを踏まえて、第一章からは具体的な例をあげながら、文章について考えてみよう。

第一章

「【ことがら】情報」の言語化：ゆるむ枠組み

美しい日本語・豊かな日本語——筋を通す

二〇二〇年二月五日の『朝日新聞』の「天声人語」欄に次のようにあった。

▼今月初めから、全国の多くの地方気象台で目視による天気の観測をやめ、機械観測に切り替えたそうだ。気象衛星やレーダーによる高い技術のおかげで、目で見るよりも正確に把握できるというのが理由である▼これに伴い「快晴」「薄曇り」などの記録もしなくなり、単に晴れや曇りとして扱われるという。人の目に基づく微妙な表現はどうや

ら用済みらしい。やや寂しい気がするのは、空模様を表す豊かな日本語がいくつも思い浮かぶからだ▼雲ひとつとっても「あかね雲」「入道雲」「いわし雲」などがあり、この季節でいえば今にも雪の降りそうなのが「凍雲《とううん》」である。雲の様子をながめることも、くしゃみを一つすることも、季節の移ろいのなかにいる確かな証拠である。

また、「天声人語」の記事に続いて掲げるのは「スミマセン」という表現をめぐっての新聞読者の投稿（『朝日新聞』二〇一九年九月二十九日大阪本社版）である。投稿は「スミマセン」が「ちょっとした質問、依頼、声掛けなど、話を切り出す時に実に便利な言葉ではあるが、非常にあいまいな言葉だ」と述べた上で、掲げているように述べる。

例えば、他人の家を訪問した時は「こんにちは」「ごめんください」がよいだろう。また、何かを問いかける時は「ちょっとお尋ねします」が好ましい。さらに、感謝を伝える時は「ありがとう」と言いたい。この言葉は、温かみのある美しい日本語である。ささいなことに対しても感謝の気持ちを素直に表現することで、人との交流がより円滑になると思う。

日常会話にそれほどこだわる必要はないと考える人もいるだろうが、よりふさわしく、的確な表現を心掛けたい。
――

どちらの記事も、述べられていることはもちろん理解できる。その上でのことであるが、「天声人語」には「空模様を表す豊かな日本語」とあり、投稿には「温かみのある美しい日本語」とある。投稿では「ふさわしく、的確な表現を心掛けたい」とあるので、一つ一つの表現を気にする必要はないともいえる。しかし、だからこそ一つ一つの表現を丁寧に、とも思う。

ここでは「豊かな日本語」「美しい日本語」という表現を話題にしたい。後者を例にした方が筆者の述べようとしていることがわかりやすいと思うので、後者についてまず述べることにしたい。

「美しい日本語」という表現はいうまでもなく、日本語が美しいということを述べていることになる。世界ではいろいろな言語が使われている。その中の一つが日本語である。日本語が美しいのだとすれば、では他には「美しい」と形容できる言語はあるのかないのか。あるのだとすれば、それはいかなる言語か。そして「美しい」と思ったり感じたりする「主体」

は誰なのか。

右に引いた投稿の投稿者はおそらく日本語を母語としているのだろう。そこはわからないが、そう前提して話を進める。そうだとすると、右の投稿は日本語を母語としている人が日本語を「美しい」と思っている、感じているという話になる。自身が母語として使っている言語に愛着を感じることは自然といってよい。その「愛着」の気持ち、すなわち「心」を「美しい」と表現してはいけないということはもちろんない。だから、右の投稿を「心」の表現として捉えるならそれはそれでいい。

母語として自身が使用している言語には愛着を感じることがどのような言語についてもあることなのであれば、ベトナム語を母語としている人はベトナム語を「美しい」と感じ、タイ語を母語としている人はタイ語を「美しい」と感じることになる。そうであれば、世界中の言語はみな「美しい」ことになる。それでいいと思うが、大事なのは「美しくない言語」さらにいえば「汚い言語」など定義できない、つまり存在しないということだ。だとすると、自身が母語としている言語をことさら「美しい」という必要もないことになるし、自身が母語としている言語のみが「美しい」と思うことは、はっきりと筋が通らないことになる。「筋が通らない」はまわりくどい表現かもしれない。一般的には「論理的ではない」と表現するところだろう。しかし「論理的」とはどういうことか、「論理的」といった場合の「論理」はどういうことか、ということだってきちんとおさえておく必要がある。そこは大事なところではあるが、最初からそこに向かうと、本書の本筋がみえにくくなる。だから、いまここでは「筋が通る」というぼんやりとした表現をあえて使わせていただきたい。

「自身が母語としている言語のみが美しい」は先ほど述べたように、「のみが」がすでに飛躍だ。ちなみにいえば、「ヒヤク（飛躍）」を小型の国語辞書、例えば『岩波国語辞典』第八版（二〇一九年）で調べると次のように語義が説明されている。

①大きく高くとぶこと。「スキーの―競技」②順を追わないでとびはなれた所へ移ること。「論理の―」③勢いよく活動すること。雄飛。「世界に―する」

右の「飛躍」は語義②の「飛躍」だ。本書では語義①で「ヒヤク（飛躍）」という語を使うこともあるので、紛らわしい時には「飛躍①」「飛躍②」と表示しておくことにする。

そして、その飛躍②した「自身が母語としている言語＝日本語のみが美しい」から、「そういう美しい日本語を使っている自分はすばらしい」「そういう美しい日本語を使っている自分を誇りに思う」さらに「日本はすばらしい」となると、さらに飛躍②していることになる。

「豊かな日本語」はどうだろうか。「天声人語」の記事は、日本語には雲にかかわる語彙が豊富にあるという主張にみえる。この場合の「豊富にある」も、ほんとうは、比較の対象がほしい。

例えば「日本は水が豊かな国だ」という文があったとして、日本列島で暮らしている人は直感的には「そうだろう」と思うだろう。しかし「豊かだ」と捉える以上、その向こう側に「豊かでない」「乏しい」があることになる。これが「比較の対象」だ。それがなければ、単なる感想、単なる感覚ということになる。日本の水の豊かさをどうやって、いわば「証明」すればよいだろうか。年間降水量を示せばよいだろうか。そこは場合によって異なるであろうが、例えば年間降水量ということでいえば、日本は一六六八ミリメートルで、世界四十八位、フランスは八六七ミリメートルで、世界一〇〇位、エジプトは十八ミリメートルで、世界一八二位だ（GLOBAL NOTE、URL: https://www.globalnote.jp/）。

年間降水量は一年間にどれだけ雨が降るかということで、「水が豊か」ということとおいにかかわるとは思うが、完全に一致しているわけでもない。しかし、「世界にはエジプトのように、一年間に十八ミリメートルしか雨が降らない国がある。日本の年間降水量は一六六八ミリメートルで、世界四十八位だ。エジプトはもっとも年間降水量が少ない国で、世界一八二位だ。こうしてみると、日本は雨が豊かに降る国といってよいだろう」という文章であれば、ただ「日本は雨がよく降る国だ」というよりはずっと「筋が通っている」だろう。

右のようなかたちで「日本は雨がよく降る国だ」ということを主張しておいて、さらに「日本は水が豊かな国といってよい」と続ければ、ただ「日本は水が豊かな国だ」というよりはずっとよい。

そう考えてくると、「日本語には雲にかかわる語彙が豊富にある」も何らかの対象がなければ「なるほどそうだ」とは思いにくい。しかしまた、「日本語には雲にかかわる語彙が豊富にある」ことを証明することはたやすくはない。「「～クモ（雲）」という語が幾つあります」といえばいいだろうか。それも一案かもしれない。その上で、例えば英語では「～cloud」という語がこれだけある、中国語ではこれだけある、ということを示して「たしかに豊かですね」と主張するか。けっこうめんどうだ。「一々そんなことがやれるか」ということになりそうだ。だったら、表現を変えて、「めんどうでない範囲で筋を通す」ことを模索したらいいのではないか、というのが筆者の主張だ。「表現のしかたを考える」ということだ。

例えば、「思いつくままにあげてみても、鼬雲、鰯雲、畝雲、鱗雲、朧雲、笠雲、雷雲、鯖雲など、雲をあらわす語が日本語にはたくさんある」という表現はどうだろうか。無理がない。

さて、「天声人語」に戻ると、そこには「空模様を表す豊かな日本語がいくつも思い浮かぶ」とある。だから「〜クモ（雲）」には限らないことになるが、そこはいまは措くことにしよう。筆者が気になるのは、「空模様を表す日本語が豊かだ」という表現ではなくて、「空模様を表す豊かな日本語」という表現になっていることだ。つまり「天声人語」の「書き手」は「豊かな日本語」と、それを前提にして表現している。最初から「豊かな日本語」という認識があるのではないかということだ。「天声人語」の「書き手」ほどの人ならば、ということであるが、やはり「筋が通っている」文章を書いてほしい。「筋が通っている」は、まずは日本語の表現として、ということであるが、「筋が通っている」は言語表現だけではなく、自然に「他者に伝えたい情報」そのもの、またその言語化も含めてということになっていく。つまり、「書き手」の考えていること、感じていることを表現しているのが言語なのだから、言語と「書き手の考えていること」「書き手の感じていること」とは直結している。表裏一体といってもよい。そしてまた、「読み手」は「書き手」の頭の中をのぞくことはできないのだから、「書き手の考えていること」「書き手の感じていること」はアウトプットされた言語表現をたよりにして探るしかない。これが「文章を読む」ということだ。丁寧に読まなければ、「書き手」の考えている複雑なこと、「書き手」の感じている複雑な感情を理解することはできない。ここまで述べたことをまとめると、「読み手」が「書き手の考えていること」をきちんと追うことができる「書きことば」がよい、ということだ。そして、「書き手の感じていること」がなんとなくにしても「読み手」に伝わればさらによい。

「書きことば」はそれが可能なようになっているはずであるし、長い間かかって、「書きことば」によって、そういう複雑な「【ことがら】情報」「【感情】情報」がアウトプットできるようになってきているはずだ。

そのように時間をかけて精密につくられてきた「書きことば」が少し粗く扱われていないか、というのが筆者が最近感じていることだ。せっかく複雑な「情報」をやりとりできるようにつくられてきた「書きことば」が十分に機能しなくなってきているのではないだろうか。「いやいや全然そんなことはない」ということならば、むしろいい。言語の使用は世代によって異なるので、「いやいや俺ら問題ない」ということならばそれもいい。そうなのかもしれないが、具体的にどう粗くなっていると感じているかを述べさせてもらいたいというのが本書のテーマでもある。

「豊かな日本語」という表現は何がいけないのか？ と言われるかもしれない。それは、日本語が豊かだと最初から決めているからだ。日本語は豊かだ。ではいかなる言語は豊かではないのか。そして言語に関して豊かである、豊かでないとはどういうことで、どうやってそれを判断するのか。これは「書き手」に聞くまでもない。言語に関して、豊かか、豊かでないかを判断する基準などあるはずがない。

「筋」を支える言語の構造・枠組み――対義・対句

さて、「豊かな日本語」という表現からは「豊かでない日本語」「貧しい日本語」という表現が対になる表現として想起されるし、「美しい日本語」という表現からは「美しくない日本語」「汚い日本語」という表現が対になる表現として想起される。「対になる表現」を「対義的な表現」と言い換えてもよい。「豊か」であることを主張するためには、「豊か」の定義がほしい。こういう定義、こういう基準に従って判断して、「豊か」かそうでないかを決めますということでないと困る。「美しい」と主張するためにも定義、基準がほしい。

うむをいわさず、「豊かだ」「美しい」と主張するのは、心情の吐露であって、それを言語で表現していけないということはない。ないが、それはいわば「【感情】情報」をそのまま言語化したということであって、反論できない。「思うことは自由だろ」ということで、その通りだが、反論できないということは「筋が通る」とか「筋が通らない」ということとそもそも無縁のものであることになる。

「豊かだ／豊かでない」「美しい／美しくない」は「対義的な表現」だ。小型の国語辞書を調べると、「対義語」というようなかたちで、それが表示してあることが多い。小型の国語辞書として、今度は『三省堂国語辞典』第七版（二〇一四年）を採りあげてみよう。

『三省堂国語辞典』第七版は「この辞書のきまり」の11に対義語を採りあげ、「対義語（いわゆる反対語）を（↕）で示します。／対義語は、広く考えれば、「若葉」と「枯《か》れ葉」のような組みも含《ふく》まれますが、この辞書では、ひと組みにして使うことが多いことばに限ることにします」と記されている。

実際に見出しをみていくと、次のような対義語が示されている。

たいにん［退任］	↕	就任
たいは［大破］	↕	小破
たげん［多言］	↕	寡言
たしゅみ［多趣味］	↕	没（ボツ）趣味・無趣味
たてぶえ［縦笛］	↕	横笛
たんがん［単眼］	↕	複眼
たんしょく［淡色］	↕	濃色
たんすいこ［淡水湖］	↕	塩湖
ちせい［治世］	↕	乱世
ちぢ・める［縮める］	↕	伸（ノ）ばす

対義語には「チヂメル↕ノバス」のような和語のペアもあれば、「タイニン（退任）↕シュウニン（就任）」のような漢語のペアもある。あらゆる語に対義語があるわけではない。例えば、「ユウレイ（幽霊）」の対義語は？　といわれると「?」ということになる。そのよ

うに、あらゆる語に対義語があるわけではないが、「対義」は言語の構造に深くかかわるといってよい。「構造」はさらにいえば「枠組み」ということでもある。

先ほどは形容動詞「ユタカダ」、形容詞「ウツクシイ」を話題にした。『三省堂国語辞典』第七版は「ウツクシイ」には「ミニクイ（醜）」を対義語としてあげ、「ユタカダ」には「マズシイ（貧）」「トボシイ」を対義語としてあげている。「ユタカダ」を否定した「ユタカデナイ」という表現をつくれば、「ユタカデナイ」も「ユタカダ」の対義的表現ということになる。「ユウレイ（幽霊）」の対義的表現は……難しい。しかし「ユウレイデナイモノ」という表現をつくることはできる。「ユウレイデナイモノ」って何？　という感じではあるが、世界から「ユウレイ」を除いたものが「ユウレイデナイモノ」だ。世界は「ユウレイ」と「ユウレイデナイモノ」に分けられるのだ、というと、ご乱心みたいな感じだが、これは「排他的分類（exclusive classification）」にあたる。世界を「ユウレイ」と「ユウレイデナイモノ」に分けるということがいかに妙なことにみえようとも、それは成り立つことであり、かつ「構造」的な「みかた」ともいえる。世界は「ユウレイ／ユウレイデナイモノ」に分かれるということだ。そういう「みかた」が「筋を通す」ということと深くかかわっている。

一つ一つの語は他の語とのいろいろな意味合いにおける「違い・差」があることによって

存在することができる。発音・語義がまったく同じ語は必要ないし、発音が違っていて語義が同じ語も原理的には必要ない。発音が違っていて、語義が同じ、は紛らわしいだけだ。

よく日本語には「同音異義語」が多いというようなことがいわれる。それは、漢語においていえることだ。かつては中国語で、それが日本語の中で借用されている場合漢語と呼ぶ。漢語は日本語の中に入ってきた中国語だが、日本語の中に入ってくるにあたって、中国語においては異なっていた発音の違い、アクセント（四声）の違いをいわば捨てている。つまりかつては同音ではなかった語が日本語の中に入ったために同音になってしまったということだ。これはしかたがないことだ。だから漢語の「同音異義語」については例外と考えたい。

しかし表現ということでいえば、漢語の「同音異義語」をうまく使って、表現をつくることもできる。二〇二〇年二月十一日の『朝日新聞』（東京四域版）には「小平駅前「軌跡」と「奇跡」の50周年」という見出しの記事があった。記事には「50年の商店街の「軌跡」と客らの出会いの「奇跡」の意味も込めた」とある。この見出しがいいできかどうかはともかくとして、こういう表現をつくることはできる。

さて、やはり基本的には、一つ一つの語は他の語との「違い・差」があることによって存在することができる、といってよい。対義はその「違い・差」がはっきりとしている場合だ。

そして二項対立的な発想は少なくない。文学作品のタイトルにも『戦争と平和』や『赤と黒』、『罪と罰』などがある。「発想」はさらにいえば「思考」ということにつながっていきそうだ。「人間は二項対立的な思考をしやすい」とまではいえないだろうが、そういう傾向はありそうだ。「対句」は漢詩における表現方法であるが、言語表現も「対句的」に構築されているとわかりやすい面はおおいにあるだろう。

芥川龍之介の「或阿呆の一生」（一九二七年）の中に次のような断章がある。

三十三　英　雄

彼はヴォルテェルの家の窓からいつか高い山を見上げてゐた。氷河の懸つた山の上には禿鷹の影さへ見えなかつた。が、背の低い露西亜人が一人、執拗に山道を登りつづけてゐた。

ヴォルテェルの家も夜になつた後、彼は明るいランプの下にかう云ふ傾向詩を書いたりした。あの山道を登つて行つた、露西亜人の姿を思ひ出しながら。……

――誰よりも十戒を守つた君は

誰よりも十戒を破つた君だ。
誰よりも民衆を愛した君は
誰よりも民衆を軽蔑した君だ。

誰よりも理想に燃え上つた君は
誰よりも現実を知つてゐた君だ。

君は僕等の東洋が生んだ
草花の匂《にほひ》のする電気機関車だ。――

（『芥川龍之介全集』第十六巻、一九九七年、岩波書店、五十五～五十六頁）

『三省堂国語辞典』第七版は「リソウ（理想）」と「ゲンジツ（現実）」とを対義語として認めている。「十戒を守る↕十戒を破る」「民衆を愛する↕民衆を軽蔑する」が表現として対義的、対句的であることはいえるだろう。つまり、この断章は二項対立的な、対義的な枠組みによってかたちづくられている。もちろん「或阿呆の一生」がすべて二項対立的な、対義的な枠組みによってかたちづくられているわけではないし、芥川龍之介の作品がみんなそうなっているというわけではない。二項対立的な発想が時として顕在化することがあるということだ。

「筋」を支える言語の構造・枠組み――類義

「筋」を支える言語の構造・枠組みは「対義・対句」だけではない。先に「一つ一つの語は他の語とのいろいろな意味合いにおける「違い・差」があることによって存在することができる」と述べた。他の語との「違い・差」は「対義」の場合のようにはっきりとしている場合だけではない。少しだけ違うという「類義」もある。

今度は小型の国語辞書として『集英社国語辞典』第三版（二〇一二年）を使ってみよう。「凡例」の「十三　関連語の指示」の「1」には「語義解説のあとに類義語を示した」と記されている。少し見出しとその語釈をあげてみよう。

はしゅ[ハ]【×播種】〔名・自スル〕〔農〕種子を田畑や苗床にまくこと。たねまき。▽sowing

はたもち[チ][モ]【旗持ち】旗を持つ役。また、その人。旗手。

はろう[平]【破×牢】〔名・自スル〕《文章》囚人が牢を破って逃げること。牢破り。破獄。▽現在は脱獄という。

はんと[ハ]【半途】《文章》仕事・学業などの半ば。途中。中途。

ひだる-い[ル]【×饑い】〔形〕《文章》空腹だ。ひもじい。

バルコニー[コ]〈balcony〉①洋風建築の二階以上の階で、手すりのある室外の張り出し。露台。②劇場の二階席。桟敷。▽「バルコン」ともいう。

見出し「はしゅ」においては、「種子を田畑や苗床にまくこと」までが「語義解説」でそのあとに置かれている「たねまき」が類義語という位置付けであろう。この見出しの場合は、見出しになっている「ハシュ（播種）」が漢語で、類義語として置かれている「タネマキ（種蒔）」は和語であるので、漢語の類義語として和語をあげてあることになる。

見出し「はたもち」においては、「旗手」が類義語であろうから、この見出しにおいては、和語に対して漢語の類義語があげてあることになる。

見出し「はろう」においては、和語の類義語として「牢破り」、漢語の類義語として「破獄」があげられていると思われる。

見出し「はんと」においては、類義語として「途中」「中途」二つの漢語があげられ、見出し「ひだるい」においては、和語の類義語「ひもじい」が置かれている。

見出し「バルコニー」においては、外来語「バルコニー」の①の語義の類義語として「露台」、②の語義の類義語として「桟敷」が置かれている。

現代日本語の語彙は和語、漢語、外来語から成っている。漢語は中国語からの借用語、外来語は中国語以外の言語からの借用語である。借用語は日本語の語彙体系内に入ってしばらく使われているうちに、いろいろな語とかかわりを持つ。その「かかわり」の中で、借用語の語義も調整され、次第に「しかるべき」場所に「格納」されていくといってよい。そうすると、漢語に和語の類義語があったり、外来語の類義語があったりということになる。

なぜ他の言語の語を借用するのかといえば、基本的にはその語の持つ語義をあらわす和語がないから、ということになるが、そうとばかりもいえない。したがって、すでに同じような語義の和語が存在しているのに、中国語を借用したり、英語を借用したりということもあり得る。その場合は、借用する中国語、英語を和語と結びつけて理解することになる。「類義」とは「この語の語義とこの語の語義は似ている」という「かたち」の語義理解でもある。つまりそうやって、語と語とを結びつけて語義を理解していくということだ。類義語同士の語義の「違い・差」は当該類義語同士の「距離」でもある。この「距離」がしっかりとわかっていることは重要になる。Aの語義とBの語義との「距離」は近いからどうでもいい、ということになると、AとBと二つの語が存在しなくてもいいことになり、Aだけでいける、Bだけでいけるということになる。そしてAとBとの「違い・差」はもう話題にしないということになる。AとBと二つの語があることによって、AとBとの語義差を言語によってあらわすことができた。それはその「違い・差」を問題にしたい、話題にしたいということでもある。そういう「発想・思考」といってよい。しかし、語が一つになってしまえば、両者の「違い・差」を問題、話題にできなくなる。つまり語がなくなるということは「発想・思考」がなくなるということにすぐにつながっていく。筆者が「言語の構造・枠組み」ということを重視し、いまここでそれについて述べているのはそういうことだ。ことは文章表現が上手か下手か、というようなことにとどまらない。もっといわば「深いところ」にかかわってくる。

ここまで述べてきたように、言語は語同士が網の目のようにかかわりをもち、関係して語彙体系をなしている。一つの語は一つだけぽつんと存在しているわけではない。だから、一つの語が「どう動くか」ということ、一つの語を「どう使うか」ということは語彙体系全体とかかわってくる。そういう認識を何となくでもいいのでもっておきたい。

　大正初期の「ホトトギス」の代表的作家として知られている前田普羅《ふら》（一八八四〜一九五四）という俳人がいる。その前田普羅に次のような句がある。

絶壁のほろ〳〵落つる汐干かな

（『普羅句集』一九三〇年、辛夷社、八頁）

　この句は水原秋櫻子が『近代の秀句』（一九八六年、朝日選書）の中で採りあげている。水原秋櫻子はこの句の「解釈」として次のように述べている。

海岸に絶壁がそそり立っている。無論よじ登るべき道もない。幾丈という巌が削《そ》がれたようになっている。

下は荒磯《ありそ》であるが、いま汐が干あがって、大小いろいろの岩礁が姿をあらわしている。

赭《あか》い色をしたのもあれば、真青に藻を被《き》ているものもある。海ははるか遠くに退いて、かすかな潮鳴を送ってくるばかりである。

麗《うら》らかな春の日は、この荒磯一面にさしわたっている。見ると、二十人ばかりの人が、どこからやって来たものか、岩礁をつたいつつしきりに何かあさっている。荒磯の汐干狩だ。そういえば作者もまたその中の一人である。

鮑《あわび》が獲れる。ひとでが獲れる。岩の間に残った潮の中で小魚がとれる。子供が声をあげたと思うと、章魚《たこ》を手にしてさしあげている。入江の汐干にくらべて、獲物は大きくもあるし、変化があって面白い。

絶壁はこういう人達の上に黙々とそそり立っている。ここにも春の日は一面に当っている。そうして時々小さな石のかけらが——それは砂といってもよいほどのかけらが、ほろほろとこぼれ落ちてくる。

（四十二〜四十三頁）


「ホロホロ」は品詞でいえば副詞で、オノマトペ（擬声・擬態語）といってよい。小野正弘編『日本語オノマトペ辞典』（二〇〇七年、小学館）は「ホロホロ」を次のように説明している。

①声　キジ・ヤマドリなどの鳴く声。
②音　尺八や琵琶の音。砧《きぬた》を打つ音。
③さま　葉や花などが軽やかに散ったり落ち続けるさま。涙や水滴などがあとからあとからこぼれ落ちるさま。
④さま　集まっていた人々が別れ散るさま。
⑤さま　ものが砕け破れるさま。こなごなになるさま。
⑥さま　炎のゆらめくさま。

前田普羅の句で使われている「ホロホロ」は③だろう。「小さな石のかけら」が「落ち続けるさま」「あとからあとからこぼれ落ちるさま」を表現している。水原秋櫻子は「砂といってもよいほどのかけら」と述べているが、砂だったら「かけら」とはいえないだろうし、砂であれば「パラパラ」あたりが自然な表現になりそうだ。そして、砂がぱらぱらと落ちてくることがわかるのだったら、それに気づくためには絶壁のすぐそばにいなければならない。前田普羅が「その中の一人」であってもいいし、なくてもいい。作品は「フィクション（虚構）」であっていいのだから、実際には絶壁の遠くにいたのに、「近くにいる気分」を表現し

てもいいし、逆に実際には近くにいたのに、「遠くにいる気分」を表現してもよい。近いか遠いかをコントロールしているのは、言語表現だ。この場合は、「ホロホロ」を使うか「パラパラ」を使うか、あるいは「ボロボロ」を使うか「バラバラ」を使うか、によって、「読み手」に伝えられる「情報」が変わる。「情報」は「【ことがら】情報」にとどまらず「【感情】情報」も変わってくる。

「パラパラ」や「ボロボロ」はこの場合具体的すぎるかもしれない。「絶壁のぱらぱら／ぼろぼろ落つる」だと落ちてくる石？　にばかり気をとられてしまう。しかしそこを「ほろほろ」とすると具体性が少し後退し、半濁音や濁音の強さもやわらぎ、「麗らかな春の日」の感じがでてくる。それがこの句のおもしろさ、よさであろう。

比喩表現

「【ことがら】情報」の言語化においては、「伝えたいことがら」がきちんと伝わることが重要であることはいうまでもない。しかしだからといって、すべて説明していけばいいかといえばそういうわけにもいかない。そういう場合に、比喩表現を使うことがある。説明だけではわかりにくい場合、説明はできるが、さらに具体的な「イメージ」を付け加えたい場合などには比喩表現を使うことによってわかりやすくなることがある。
再び「天声人語」を採りあげるが、「天声人語」に喧嘩を売っているわけではないので、念のため。ここは（笑）でもつけておいた方がいいかもしれない。二〇一九年一月十四日のものだ。

ひとりぼっちのハリネズミが手紙を書いた。ゾウやカメ、モグラたちのことを考えながら。「親愛なるどうぶつたちへ　ぼくの家にあそびに来るよう、キミたちみんなを招待します」。そして付け加えた。「でも、だれも来なくてもだいじょうぶです」▼誰かに訪ねてきてほしい。でも本当は、会うのが怖い。そんなふうに考えが行きつ戻りつするのがテレヘン著『ハリネズミの願い』の主人公である。書いた手紙を出さないまま、動物たちが来たらどうなるか、家に閉じこもって想像を続ける▼彼の心配は、尖《とが》ったハリがみんなに嫌がられることだ。ハリが比喩するものは、誰かを傷つけるかもしれない自分の性格か。あるいは誰からも傷つけられたくないという防御の姿勢か。ハリネズミの孤独は、意外とありふれたものかもしれない▼きょう成人の日に書くには、場違いな話

か。しかし子どもから大人になる時期は、親元から離れたり仕事に就いたりと、ひとりになる時間が増える。孤独とうまく付き合うやり方を手にする道のりでもある▼孤独の象徴として「心の殻」という言葉が使われる。多くの場合、破るべき、壊すべきものとして。しかし、つらいときに逃げ込める小さな殻は、持っておいた方がいい。無心になれる音楽でも、繰り返し読んだマンガでもいい。いつでも閉じて、開くことのできる柔らかい殻を▼ハリネズミの物語はどうなるかって？　心配しなくていい。彼の心の殻も最後には、柔らかく開くことになる。

トーン・テレヘン著、長山さき訳『ハリネズミの願い』（二〇一六年、新潮社）はなかなかいい本であるが、帯には「臆病で気むずかしいハリネズミに友だちはできるのか」とある。右の文章中に「比喩」という語が使われている。右の文章が「【ことがら】情報」のみを伝えようとしているわけではないだろうが、それでも「書き手」の「感情」を伝えるということではなく、「筋を通し」て「読み手」に語りかけているといっていいだろう。

話題にしたいのは、傍線部だ。まず「つらいときに逃げ込める小さな殻は、持っておいた方がいい」という文について考えてみたい。「小さな殻」という表現が使われているが、この表現のかわりに「場所」という語を使った「つらいときに逃げ込める場所は、持っておいた方がいい」であっても、「読み手」が受けとる「情報」はほぼ同じであるといえるだろう。ここで「小さな殻」という表現が使われているのは、四つ目の▼の冒頭で「孤独の象徴として「心の殻」という言葉が使われる」という表現を使ったからといってよいだろう。

「小さな殻」を「場所」と入れ換えても「情報」がほぼ変わらないとしたら、つまり置き換えることができるのだとしたら、「殻」が「場所」ということになる。筆者は、「殻」は「場所」ではないのではないかと思う。「カラ（殻）」の語義を小型の国語辞書で確認してみよう。今度は『明鏡国語辞典』第二版（二〇一〇年、大修館書店）を使ってみる。

から【殻】『名』①動物の体や植物の実・種などをおおって保護している堅いもの。「貝［卵］の―」「籾―《もみがら》」(表現)自分だけの世界を外界から隔離して守るもののたとえにも使う。「自分の―に閉じこもる」「古い―を打ち破る」②昆虫などが脱皮したあとの外皮。「セミ［もぬけ］の―」③中身などがなくなって、用済みになったもの。「弁当の―」「たばこの吸い―《がら》」「茶―《がら》」

『明鏡国語辞典』は語義①の説明中に、「自分だけの世界を外界から隔離して守るもののたとえにも使う」という説明を置いて、「自分の殻に閉じこもる」「古い殻を打ち破る」という二つの例文を示している。「殻」のように空間的なスペースがないところに閉じこもることはできないはずだから、ほんとうは「自分の殻の中に閉じこもる」あるいは「自分の殻の内側に閉じこもる」だろうが、それが圧縮されて「自分の殻に閉じこもる」という表現としてひろく使われているのだろう。朝日新聞記事検索データベース「聞蔵Ⅱ」で「自分の殻の」で検索をすると、十六件しかヒットしない。一方、「自分の殻に」で検索すると、二六二件のヒットがある（二〇二〇年九月二十七日検索）。この使い方においては、「カラ（殻）」が外側をおおって保護している堅いもの」だけではなく、保護されている「中身」も含んで使われていることになる。「つらいときに逃げ込める小さな殻」という表現は、こうした「外側＋中身」をあらわす「カラ（殻）」の使い方につながるものであろう。そうでありそうだが、「つらいときに逃げ込める小さな殻は、持っておいた方がいい」という文は一つの文として完結している。この文には「カラ（殻）」が何を覆っているかが示されていない。ただ「カラ（殻）」とだけある。そしてまた、続く文には「無心になれる音楽でも、繰り返し読んだマンガでもいい」とある。そうするとその「カラ（殻）」が「音楽」や「マンガ」ということとになる。このあたりで、筆者は「??」となる。「カラ（殻）」は何かを覆っているものではないのか。「音楽」や「マンガ」が「カラ（殻）」になるのか？　という疑問だ。

さらに「いつでも閉じて、開くことのできる柔らかい殻を」と続く。ここでは「カラ（殻）」が開閉可能で、かつ堅くない。「ソフトシェルクラブがあるやないですか？」となぜか関西弁で誰かが言う。たしかにあれはおいしい。しかしあれは、脱皮直後のカニであって、いわば「カラ（殻）」がないようなものだ。筆者の実家には、「池」と呼んでいたものがある。まあ鯉や金魚が複数匹いたのだから池といってもよいのだろう。そこに実家前の小さな川や少し離れた田圃から採ってきたアメリカザリガニを入れていた。どんどん採ってきてどんどん入れた。ザリガニも岸近くの浅い所で脱皮をする。脱皮直後のザリガニは動きもよくないし、殻が柔らかかった。だから柔らかい殻はないことはないだろうが、それはやはり「カラ（殻）」とはいいにくいのではないか。

スライド

ここまできて、筆者が思い浮かべるのは「スライド」という表現だ。

A　こうですね。ここまでのXはいいですね。
B　はい。問題ないです。
A　では、次はこうですね。ここのYはいいですね。
B　はい。問題ないです。
A　では、次のここのZはいいですね。問題ないですね。
B　はい。

と、ずっと続けていくと、いつのまにか、最初のXと最後のZとが齟齬している。あるいは最初のXと最後のZとはつじつまが合わなくなっている。言い換えれば一貫性がない。「書きことば」は全体を全体として把握することができる。全体像が提示されているといってよい。一方「はなしことば」は話すそばから消えていくので、最終的にどうなるかは「聞き手」にはわからない。したがって、最初と最後とがつじつまが合っているか、一貫性があるか、ということは確認しにくい。そうなると、「こうですね。ここまでのXはいいですね」「はい」というやりとりを繰り返していくしかない。「聞き手」もいま聞いたことを確認するのでせいいっぱいで、さっきどうだったかを（覚えている人もいるだろうが）はっきりと覚えていないことだってありそうだ。
それが「はなしことば」だとすると、近時「書きことば」の理解のしかたが、「はなしことば」的になってきているのではないかと感じる。全体の「一貫性」よりも、部分の「よしあし」が重視されているといえばよいだろうか。「書きことば」を構造的に捉えない傾向があるといえばよいのだろうか。「書きことばのはなしことば化」が進行していないだろうか。あれこれいって「天声人語」の「書き手」の方に申し訳ないが、「孤独の象徴として「心の殻」という言葉が使われる」という箇所も気になる。今度は『新明解国語辞典』第七版（二〇一二年、三省堂）によって「象徴」を調べてみよう。『岩波国語辞典』第八版も並べてみよう。

しょうォちょうォ[0]―シヤウ【象徴】―する（他サ）〈なにヲ（なにデ）―する〉〔その社会集団の約束として〕言葉では説明しにくい概念などを具体的なものによって△表わす（代表させる）こと。また、そのもの。シンボル。「ハトは平和の―／―性[0]」（『新明解国語辞典』）

しょうちょう【象徴】『名・ス他』主に抽象的なものを表すのに役立つ、それと関係が

深いまたはそれを連想させやすい、具体的なもの。抽象的な物事を具体的な形として表すこと。▽赤が情熱や革命を、ハトが平和を象徴する類。（『岩波国語辞典』）

『新明解国語辞典』は、語釈に「社会集団の約束」という表現を入れている。「社会集団」あるいは「言語集団」によって（約束として）共有されている、ということを重視しているのだろう。それが前提になると、共有されていない場合は「ショウチョウ（象徴）」という語を使わない、使えないことになる。『新明解国語辞典』は「なにヲ（なにデ）象徴する」という表現の型を示しているが、「ショウチョウ（象徴）」という表現においては、「象徴される側＝なにヲ」「象徴する側＝なにデ」の二つが（表現に顕在化するかどうかは別として）あることになる。

例えば「イエスに洗礼を施した預言者ヨハネは、イエスを象徴する子羊と十字架型の杖とともに描かれるのが西洋美術の伝統かつ常識だ」（『朝日新聞』二〇二〇年二月四日夕刊）という一文では、「イエス」が「子羊」によって象徴されるという。あるいは「我らの少年時代、美食と程遠かった日常の象徴と言えるのが、学校給食であった。「まずかった」とまでは言わないが、「おいしかった」とは金を積まれても言いたくない。恐らく世の中全体に、戦中戦後の食糧難時代の名残があり、食事に注文をつけるなどけしからんという空気があったのではないか」（『朝日新聞be』二〇二〇年二月一日）という文章では、「美食と程遠かった日常」が「学校給食」によって象徴されるという。

「天声人語」、『朝日新聞』の二つの記事における「象徴される側」「象徴する側」を整理して並べてみよう。

		象徴される側＝なにヲ	象徴する側＝なにデ
新明解国語辞典		説明しにくい概念	具体的なもの
岩波国語辞典		抽象的なもの。抽象的な物事	具体的なもの・具体的な形
朝日新聞	天声人語	孤独	心の殻
	二月四日記事	イエス	子羊
	二月一日記事	美食と程遠かった日常	学校給食

イエス・キリストはいろいろなかたちで視覚化されているので、それを具体的に思い浮か

べることができる。例えばエルミタージュ美術館に蔵されている、レオナルド・ダ・ヴィンチの「リッタの聖母」で聖母の腕の中でお乳を飲んでいるのが幼児キリストであるし、イタリア、ミラノのブレラ美術館に蔵されているマンテーニャの「死せるキリスト」はまさに磔刑に処せられたキリストの亡骸を描いている。そのことからすると、「イエス」は（宗教的な意味合いは措くとして）必ずしも「説明しにくい概念」「抽象的なもの」ではないという「みかた」もありそうだ。しかし「子羊」が「イエス」の象徴だということを共有している集団がある、という点において、この例は典型的な「象徴」の例だといえよう。

さてそれでは他の例はどうか。いろいろな「日常（生活）」があり、その中で「美食と程遠かった日常」という限定をすると相当「抽象的」であるといえる。しかし「美食と程遠かった日常」は結局は「日常生活で食べているものが美食とは縁遠いものだった」ということであり、「説明しにくい概念」ではないように思われる。というよりも「美食と程遠かった日常」というひとまとまりの表現はすでに十分に説明的にみえるし、この説明で十分のようにも思う。「象徴する側」の「学校給食」も、食べたことのある人なら「ああ、ああいう感じの食事ね」とすぐにわかる。結局「学校給食がいただけないものだった」ということが「【ことがら】情報」で、それを「象徴」という語を使い、「象徴」という枠組みで表現しなくてもいいのではないかと思わないでもない。つまりしっくりとこない。「孤独」と「心の殻」はどうだろうか。「孤独」は「抽象的なもの」であることはたしかだ。また「孤独」にもいろいろな「孤独」がありそうだ。だから、ここで話題にしたい「孤独」はこういう感じの「孤独」なのだ、ということを伝えるために、「象徴」の枠組みを使うことは理解できる。しかし……「心の殻」は「具体的なもの」なのだろうか。いまは「具体的」ということは措くとしても、わかりやすいかどうかといえば、わかりやすくはない。そうだとすると、「孤独」も「心の殻」もどちらもわかりやすくはない。「象徴」という枠組みに入れられないということになる。

心を閉ざしていると孤独になりやすい、というようなことはわかる。「閉ざしている」は「心」そのものにドアがついていないのだとすれば、「心」の外側にドアがあって、それを開閉できる。そのドアを閉めていると外界と「心」がふれあえない。だから「孤独」になる、ということだろう。「殻」は全体を覆うものだし、割ったり、ザリガニやカニのように脱皮というかたちで「殻」を脱ぐことはできるだろうが、自由自在に開けたり閉めたりできるものではない。殻が割れたら芽がでてくるが、割れた殻は再びもとには戻らない。そう考えると、「心の殻」という表現にもわかりにくい点がある。

こういう意味合いで「殻」が「孤独」をまねく、あるいは「孤独」を呼び込むということはわかるが、だからといって「(心の)殻」が「孤独」の「象徴」ということにはならないのではないか。そこには等号が成り立ちにくい。

いま筆者は言語表現について丁寧に考え、丁寧に理解しようとしている。これを「つきつめ理解」と仮に名づけてみよう。それに対して「心の殻」、「ああ、何か心を閉ざしている感じ?　わかるわかる」「孤独」、「ああ、心を閉ざしていると孤独になるよね。うんうん」「孤独を心の殻って表現する?　ありじゃないですか」という理解を「ふわふわ理解」と名づけてみよう。いつでもどこでも「つきつめ理解」と「ふわふわ理解」とはあったのではないかと思う。そして、そうやって言語は使われてきた。それでもなんとかなるともいえよう。それが「読み手」の側の「理解態度」であればあまり問題はない。つまり、「書きことば」はきちんと構築されていて、「つきつめ理解」ができるようになっている。その「書きことば」を「つきつめ理解」する人と「ふわふわ理解」する人がいる。「ふわふわ理解」したい人は、自分の好みでそうすればいい。それでもなんとかやれる。しかし、「書きことば」がそもそもきちんと構築されておらず、「つきつめ理解」をしようとすると、あちらこちらでわからないことがでてくる、となると、これは困る。つまり「ふわふわ」が「読み手」を超えて（と表現しておくが）「書き手」にも及んできているのではないかということだ。

社会集団の構成員全員が「ふわふわ」であれば、問題はない。誰も「つきつめ理解」をしないのだから。しかし現時点ではまだそうではないように思う。現に筆者は本書を書いている。筆者が「つきつめ理解」最後の一人であるはずはない。そしていつまでと考えればよいのか、それはわからないが、最近のある時点までは「書きことば」は「つきつめ理解」寄りの日本語であった。未来の「ふわふわ」達は過去の日本語が当初書かれた時のように、受け止めることができるのか、ということになってくる。これは「書きことばの変質」というようなことにもなりそうだ。

新聞で使われている「象徴」という語を調べてみると、『岩波国語辞典』の「抽象的なもの」を「具体的なもの」で「象徴」するという説明にあてはまらない例が少なからずあることに気づく。出版年でいえば、『岩波国語辞典』第八版の出版は二〇一九年だ。しかし、辞書が出版された時に新聞で使われている「象徴」の使われ方はすでに異なっている。辞書は正則的な言語しか載せないのだ、と言われるかもしれない。それはそうだろう。しかし、新聞という、どちらかといえば「私」ではなく「公」といえるであろう媒体で使用される日本語がそうであることに無関心ではいられない。例えば次の文章はどうだろう。

手塚治虫の人気漫画・アニメのキャラクターで、道後温泉本館の保存修理工事の象徴でもある「火の鳥」をあしらった特製のマンホールのふたを、松山市が制作した。3月に本館そばに設置する。
（『朝日新聞』二〇二〇年二月五日愛媛全県版）

「道後温泉本館の保存修理」をキャラクター「火の鳥」で象徴する、と表現した時、たしかに「道後温泉本館の保存修理」は抽象的なことがらで、具体的ではない。しかし、「道後温泉本館の保存修理」はもうこれで説明しつくされているのではないか。つまり、「説明しにくい概念」でもなんでもないのではないか。それを「火の鳥」が象徴するという。そしてまた、記事からはわからないのは、「道後温泉本館の保存修理」の象徴としてなぜ「火の鳥」が使われているのか、ということだ。調べてみると、「火の鳥」とコラボレーションして、道後温泉本館の保存修理が行なわれているということだ。それは「象徴」ではないのではないか。「象徴」という語一つでも使われ方が変化していく。それはそれでもちろんいいのであって、ずっと同じ使い方をしましょう、という主張をしているのではない。そうではなくて、多くの人に共有されている「枠組み」を使って言語化することが大事ではないかということを述べたいと思っている。

第二章

もっと簡単に！　情報と言語量

抽象と具体

具体的に存在している文章を例にした方がわかりやすいので、次の新聞記事を例にして「抽象」と「具体」ということを説明してみよう。『朝日新聞』（二〇一九年十月二十二日福岡全県版）に載せられていた記事だ。述べることは、記事の文章についてのことであるので、記事の文章がよくないという主張にみえるかもしれないが、それを目的としているのではもちろんない。日本語の表現について考えるために例とさせていただくということであるので、誤解はないと思うが念のために一言申し添えておく。

皆さんの中には、飲み物についてくるストローが、プラスチックではなく紙で作られたものに変わり始めたのに気付いた人もいるでしょう。これは、プラスチック製品が細かな粒になって海を漂流するうち、有毒物質と共に魚介類などに取り込まれ、私たちの健康にも悪影響を及ぼす可能性が指摘され始めたことによります。そのような微粒子を「マイクロプラスチック」と呼ぶことは、新聞を読んでいる皆さんならご存じですね。

朝日新聞にこの言葉が初めて登場したのは14年5月22日。たった5年ほど前まで、私たちはマイクロプラスチックのことをほとんど知らなかったのです。今、世界中の大学の先生たちが、その特徴や危険性について研究を進めています。皆さんが入学するのは、そういう大学です。

プラスチックによる海洋汚染に限りません。どの学問分野を選ぼうと、皆さんが大学で学ぶのは、私たちが直面する最先端の課題についてです。人類がこれまで解決できなかった新しい課題に臆せずチャレンジする力が、ますます問われることになります。学校で習っていないことが共通テストで出題されるのも、これが狙いです。

(傍線・傍点は引用者。以下同)

「皆さん」と「わたしたち」

右の記事をよく読むと（筆者が、ということであるが）気になる表現が幾つかある。具体的に検討していきたい。まず「皆さんが入学するのは、そういう大学です」の「そういう」が何を指示しているか、というところから考え始めてみよう。入試問題の解き方みたいな話になるが、直前に「今、世界中の大学の先生たちが、その特徴や危険性について研究を進めています」とある。したがって、連体詞「そういう」は「マイクロプラスチックの特徴や危険性について研究を進めている世界中の大学」を指示していることになる。

「皆さん」はいうまでもなく複数の人をあらわしているので、複数の人に呼びかけていることになる。ある人は日本の大学に入学し、ある人は例えばイギリスの大学に入学するということはもちろんあるだろう。そのことからすれば、「皆さんが入学するのは」「(マイクロプラスチックの特徴や危険性について研究を進めている）世界中の大学」ということになる。だから表現としておかしくないのだ、という「みかた」はあるだろう。

しかし、大学に入学する「私」の側からすれば、「私」は「世界中の大学」に入学するのではなく、どこか一つの大学に入学をする。そう考えると、「皆さんが入学するのは世界中の大学」という表現は少々おかしいことになる。そして丸括弧内「マイクロプラスチックの特徴や危険性について研究を進めている」は「大学」をかなり限定している。そういう「研究を進め」るような学部や学科を備えていない大学は「そういう大学」ではないことになる。「皆さん」はどうして「マイクロプラスチックの特徴や危険性について研究を進めている（世界中の）大学」のみに進学するという話になってしまっているのだろう。文学部に進学してはいけないのか？

右のことは、入試問題風にいえば、「指示語の使い方」にかかわることがらになる。しかし「皆さん」という呼びかけが文章全体を乱しているようにもみえる。右の文章では、「皆さん」が四回使われている。そういう文章だからそれはそれでいいのであるが、文章の「書き手」が不特定多数の「読み手」に対して「皆さん」と呼びかける。当然のことといえば当然のことといえよう。「読み手」は具体的に考えると「記事を読んでいる私」にたどりつく。その「私」は一人だ。「私」は最終的には一つの大学に入学する。その大学は特定できる。いろいろな「私が入学した大学」を集積すると、先に述べたように、日本の大学もあれば、イギリスの大学、アメリカの大学もある。そうすると「皆さんが入学するのは」「世界中の大学」ということになる。しかしそれは「書き手」側からの（一方的な）「括り」、「抽さん」と呼びかけながら、「読み手」一人一人は考えていない。「皆さんが入学するのは日本の大学だけではなく、さまざまな国の大学に入学する可能性があるのです」というような表現をすれば、「読み手」にも気を使っていることになる。

「コミュニケーション力」が必要だとよくいわれる。そういわれた時に、もっぱら「はなしことば」についてのことと考えていないだろうか。「書きことば」によって「情報」をやりとりすることも「コミュニケーション」だ。「書きことば」には「書き手」というかたちで「情報の発信者＝伝え手」が存在し、「読み手」というかたちで「情報の受信者＝受け手」が存在する。「コミュニケーション」を円滑にするためには、相手にわかるように伝え、相手のメッセージもよく聞く必要がある。「書きことば」の場合は、書いている場で「相手のメッセージ」を聞くことはできない。だからこそ、「読み手がどう受けとるか」ということをよくよく考えて「書きことば」をつくる必要がある。

「皆さん」と「読み手」を括った瞬間に、「読み手」を抽象化した瞬間に、「読み手」は「個人」ではなくなる。そう括られて嬉しくない人もいるかもしれない。そういうことも考えてから「皆さん」を使うべきだろう。

「皆さん」と並んで、よく使われる語に「わたしたち」がある。この場合は、「書きことば」であれば「書き手」、「はなしことば」であれば「話し手」が「読み手」「聞き手」を自身と「同じ側」に括っていることになる。括った瞬間に、「あなたと私は違うよ」「あなたと一緒に括られたくない」と思っている「読み手」「聞き手」は不満に思ったり、居心地がわるくなるかもしれない。「無断で勝手に括るな」と思う人もいるかもしれない。「わたしたち」は思ったより強引な括りかもしれない。「わたしたち」は「あなたと私は違う」ということをいわば無視した「抽象化」といえるかもしれない。

例えば「魚介類は、わたしたちの食生活に欠かせませんが、すべての水産資源が豊富なわけではありません。取り過ぎによる枯渇も心配されています」(『朝日新聞be』二〇二〇年二月一日)の「わたしたち」はごく一般的な使い方といえるだろう。「ごく一般的」は「あたりさわりがない」ということでもあるが、「あたりさわりがない」から省いてもいいくらいだ。「魚介類は、食生活に欠かせませんが、すべての水産資源が豊富なわけではありません」でも特におかしな表現ではないだろう。「現代の食生活に欠かせませんが」とか「現代日本の食生活に欠かせませんが」でもいいかもしれない。「現代の食生活」と「現代日本の食生活」とでは、前者は日本に限定していない。しかしだからといっても、「世界中の食生活」ということにはならないことは「原理側」から考えればわかる。「原理側」とは「常識」あるいは「理屈」ということだ。世界中で魚介類を摂取しているわけではないだろうということだ。その「原理側」からの判断を加えると、「現代の食生活」という表現と「現代日本の食生活」という表現の「内実」は接近してくる。だからどちらの表現もあまり変わらないともいえる。新聞記事という枠組みからすれば、「食生活」を話題にしていて、それが平安時代の食生活ということはないはずだから、ただ「食生活」といっても結局は「現代の食生活」のはずだ。そこまで考えると、「食生活」のみでもいいことになる。

①わたしたちの食生活
②食生活
③現代の食生活
④現代日本の食生活

「結局どれでもいいのか」ということかもしれない。そういう「みかた」もある。しかし、少し丁寧に考えると、右で述べたような違いもある。だから①〜④は（微妙であったとしても）「それぞれ違う」という「みかた」もあることは知っておいてほしい。そして、表現を練る人、表現についてよく考える人、は右のようなことを瞬時にして考え、瞬時に判断する。

さて、次の「わたしたち」はどうだろう。

「みにくいアヒルの子」と書いてあるとき、わたしたちは何を読むだろう。「醜いアヒル」が、子を生んだのか（a）。アヒルの生んだ「子が醜かった」のか（b）。童話の内容を知る者は、bと読む。脳は自動的に「みにくい→子」を結びつける。童話の内容を知らない者は、aかbか判断しようがない。文脈があって解釈が定まる。

紙の本と電子書籍の本質的な違い、人間と機械の根源的な違いが、ここにある。文脈の流れを想像し、適切な展開を選びとる。

（『朝日新聞』二〇一九年十一月二十八日夕刊）

右の「わたしたち」はごく一般的な「わたしたち」にもみえる。文章は「童話の内容を知る者」と「童話の内容を知らない者」とで「みにくいアヒルの子」という表現の理解のしかたが異なるのではないかという話になっていく。そうすると「わたしたち」は「童話の内容」を知っている人と知らない人と、二つに分かれることになる。

抽象と具体のバランスを取る

このあたりでも筆者は少し落ち着かない気持ちになる。「童話の内容を知らない者は、aかbか判断しようがない」とあるが、それは「童話の内容を知らない者」は「みにくいアヒルの子」というひとまとまりの表現が判断できないということなのだろうか。「童話の内容を知らない者」は自分が「童話の内容を知らない」から「みにくいアヒルの子」という表現を判断、理解できない、とそもそも思わないのではないか。「童話の内容を知らない者」は「アヒルの子が醜い」「醜いアヒルの（生んだ）子」のいずれかと判断するということではないだろうか。「文脈があって解釈が定まる」ということはもちろんその通りのことだ。「みにくいアヒルの子」という表現の場合、日本語で「みにくいアヒルの子」と訳される、アンデルセンの「*Den grimme Ælling*」を知っていれば「アヒルの（生んだ）子が醜い」と理解しやすい、という話だろう。ある文学作品を読んでいるか、いないかは、広い意味合いでは「文脈」と呼べなくはない。しかし「知識」があるかどうかという捉え方をするのが一般的ではないか。（広義でもそうであるが）狭義の「文脈」という意味合いで「文脈があって解釈が定まる」はもちろんその通りだ。（またまた、入試問題風になってしまうが）「紙の本と電子書籍の本質的な違い、人間と機械の根源的な違いが、ここにある」の「ここ」は「文脈があって解釈が定まるというところ」であろうから、それが「紙の本と電子書籍の本質的な違い」といわれると「?」ということになる。電子書籍には文脈がないのか。さらに表現は「紙の本と電子書籍の本質的な違い」と「人間と機械の根源的な違い」とが対になっているが、「紙の本=人間」「電子書籍=機械」ということではないのではないか。そういう「雰囲気」はあるが、「紙の本」と人間の文脈を読む能力とはイコールにはならないだろうし、「電子書籍」も「機械」とイコールではないだろう。

「わたしたち」という括り方はかなり大きな括り方だ。「抽象度」が高いといってもよい。右では「人間と機械」という表現も使われているので、「人間」すべてを「わたしたち」と括っていることになる。四角四面にいえば、民族も使用言語も、文化圏も異なる人々を一つに括る。当然個別的な違いはまったく考慮しないことになる。「具体度」という「度」があるのだとすれば、「具体度」ゼロだ。その分、「呼びかける力」は強い。かつて文藝春秋社が発行していた『諸君!』というタイトルのオピニオン雑誌があったが、このタイトルの「呼びかける力」は強い。加えて「!」までついている。

文章を書くにあたって、「読み手」に強く呼びかけたいと思うことはある。そういう気分の時に「われわれは」とか「わたしたちは」というような表現を使いたくなりそうだ。そうすると、「抽象度」がきわめて高いところから文章が始まることになる。たいていは、書きたいことがあって、それは「具体的なこと」であることが多い。「抽象度」の高いところから文章を始めると、どこかで「具体的なこと」に移行していく必要がある。「高い抽象度」をなだらかに低くして「具体的なこと」に結びつけていければよい。あるいは急展開して「具体的なこと」に結びつけてもよい。いずれにしても「抽象」から「具体」に移行しなければならない。それがうまくいかないと、文章がぎくしゃくしてくる。特に文字数すなわち言語量に制限がある場合には、なだらかな説明が難しい。文章を強く始めると気分的には書きやすい。しかし、アジ演説ならともかく、最初から最後まで「諸君！」というわけにはいかない。「わたしたち」「われわれ」は文章の調子を乱すことがあるのではないか、というのが筆者の感じることだ。「人はどういう時に「ワタシタチ」という語を使いたくなるのか」という問いがありそうだ。

新聞記事などで使われている「わたしたち」という語を検索するとさまざまな記事がヒットする。「〝わたし〟のことを〝わたしたち〟で語る」（『朝日新聞』二〇一九年十二月十九日鹿児島全県版）という記事や、「元号が刷新されたならば、わたしたちは、なんとなくお祝いムードの一体感を持つ。立場や主義にかかわらず小旗を振る。代替わりが崩御によった昭和の終わりは、全体で沈んだムードを醸した。楽しみを自粛するおふれがどこからか来て皆が従った。まるで身内が亡くなったときのように。／もしかしたら、こういうもろもろを「なんとなく」共有できるのが、わたしたちが本能的に「わたしたち感覚」を持てる範囲、つまり「日本人」なのかもしれない。／とすると、「現代日本人」とはどういう人たちなのだろう？」（『週刊朝日』二〇一九年十二月六日号）という記事もある。

前者は、自分だけのこととしてではなく、自分を含めたコミュニティのこととして「語る」ということであろう。後者では、「わたしたち」という「感覚」のことが話題となっている。「皆さん」「わたしたち」という呼びかけは、第三章で考える「共感」ということともつながりがある。

「抽象」的に書くということは「まとめて書く」ということで、「具体」的に書くということは「まとめてしまわないで具体的、個別的に書く」ということだ。「まとめて書」けば使う言語量は少なくてすむし、「まとめてしまわないで具体的、個別的に書く」ためには、言語量が必要になる。「まとめてしまわないで具体的、個別的に書く」のは丁寧に書いているということでもあるが、「要点がわかりにくい」場合もある。「まとめて書」いてある場合は、わかりやすい一方で、「具体的なことがわからない」場合もでてくる。「要点」か「具体」かという二者択一ではないので、目的に応じて、使える言語量に応じて、ということになるが、そのあたりも考えておく必要がある。

絵画作品でたとえてみよう。作品を全体としてみると、「うんうん」という感じで、「まあいい感じ」。しかし、近づいて細部を見ると、「けっこう雑だなあ」。この作品は「抽象」では合格、「具体」では「?」ということになる。逆に細部を見ると「すごく丁寧に描かれている」、しかし全体として見ると、「なんかもう一つだなあ」。この作品は「具体」では合格、「抽象」では「?」だ。ピアノで曲を弾く。曲全体のまとまり、仕上がりは「まあいい感じ」。しかし部分的にはミスタッチもないではない。「抽象」では合格、「具体」では「?」。逆にある箇所はすごく上手に弾く。しかし曲全体のまとまりはあまりよくない。「抽象」では「?」、「具体」では「まあいい感じ」。絵画作品だって、楽曲のピアノ演奏だって、実際には、このようにわかりやすく、極端ではないだろう。しかし、多くのことに、こうしたことがありそうだ。だから「バランス」よく、ということが重要になってくる。

修飾部分に着目する

筆者は、「修飾語」「被修飾語」という用語を小学生の時に習ったような記憶がある。筆者は、小学生の頃に「自由自在」という名前の参考書が好きで、それを使っていたことを思い出し、『小学高学年自由自在国語』（二〇一九年新装第六刷、受験研究社）を入手してみた。第五章「言葉のきまり」の「1　文の組み立て」の「4　修飾語と被修飾語の関係」には「赤い花がきれいにさいた」という文が示され、次のように説明されている。

> 前の文で、「赤い」という言葉は、主語の「花が」どんな花かについてくわしく説明しており、また「きれいに」という言葉は、述語《じゅつご》の「さいた」がどんなに（どんなふうに）さいたかについてくわしく説明している。このように、「どんな」「どんなに」にあたる言葉を**修飾語**という。
> 　これに対して、「被」とは「〜される」という受け身の意味を表すから、「被修飾」とは「修飾される」という意味である。「花が（何が）」「さいた（どうした）」にあたる言葉を**被修飾語**という。
> （傍点・太字は原文ママ）

専門的な辞典、『日本語学大辞典』（二〇一八年、東京堂出版）も併せて確認しておこう。見出し「修飾語」には次のように記されている。

【定義】文の成分の1つで、文中の他の成分や語句の意味内容を修飾・限定するもの。これにより修飾される成分や語句は被修飾語と呼ばれる。修飾語は被修飾語の種類によって連体修飾語と連用修飾語に大別される。前者は「赤い花」のように名詞類（体言）に係り、後者は「ゆっくり走る」のように動詞句を中心とした述部（用言）に係る。修飾とは、文の成分の有する機能の1つであり、後ろにくる被修飾語の意味内容に対してより詳細な情報を加えることである。「赤い花」と言った場合、被修飾語である「花」の指示対象のありようをより詳細に述べる働きと、「花」の外延をより狭く限定する働き（すなわち、他の花との区別をする働き）がある。修飾という概念が狭義で使われるときは前者の働きを指し、この場合の後者の働きは限定と呼ばれる。

右には「より詳細な情報を加える」「外延をより狭く限定する」とある。「外延」は論理学の用語で一般的ではないだろう。「外延」と「内包」とは対義語にあたる。例えば『広辞苑』第七版（二〇一八年、岩波書店）は「外延」と「内包」とを次のように説明している。

【外延】〔論〕（extension）ある概念が適用されうる事物の範囲。例えば金属という概念の外延には金・銀・銅・鉄などがある。↔内包。

【内包】①〔論〕（intension; connotation）概念の適用される範囲（外延）に属する諸事物が共通に有する徴表（性質）の全体。形式論理学では一般に、内包と外延は反対の方向に増減する。例えば、学者という概念は哲学者・文学者・科学者・経済学者などを外延として包括するが、「哲学研究」という徴表を内包として加えると、外延は減少する。内容。②内部に含み持つこと。

右の『広辞苑』の「語釈」を使って説明すれば、「学者という概念＝内包が適用される範囲＝外延」は「哲学者・文学者・科学者・経済学者など」で、「内包」を「哲学を研究する学者」に変えるとそれに適用される範囲＝外延は「哲学者」のみになる。すなわち「内包」が限定的になれば、「外延」が減少する。「外延」「内包」という学術用語を知らなくても当然のことといえよう。そして、これも「言語システム」そのものともいえる。

日常生活で接していることがらは具体的だから、その「具体的なことがら」を表現するということは大事なことになる。語彙も具体的なことがらに対応して備わっている。

私が飼っているのはトイ・プードル、隣の家の人が飼っているのはチワワ、その隣の家の人が飼っているのはキャバリア、その隣の人が飼っているのはミニチュア・シュナウザーだった時に、私、隣の人、その隣の人、そのまた隣の人はみんな「イヌ」を飼っているのだ、という表現が時には必要になることもあるだろう。つまり「抽象」すなわち「まとめて把握する」ということと「具体」すなわち「個別的に把握する」ということは、把握、認知ということにおいても大事だし、言語においても大事だ。その「抽象」と「具体」との関係も大事だし、一つの文、文章を考えた場合に、どうやって「抽象」と「具体」とを展開させていくかはとても大事なことになる。これが「とっちらかる」と文、文章全体も「とっちらかる」。

抽象度の高い語に修飾語を附すことによって、(いくらかにしても)具体性をもたせたり、限定することができる。したがって、修飾語は「抽象/具体」ということと深くかかわる。その一方で、長い修飾語が附されると文が理解しにくくなり、つながりがわかりにくくなることもある。これまた「バランス」が大事ということになる。修飾語を附すためには言語量が必要になる。これもまた言語量とかかわる。

「修飾語」の定義は右に引用したようなことであるが、ここでは「修飾語」に限定しないで、やや緩く「説明に使う語」という捉え方をしておこう。

わかりやすいところから話を進めていこう。『広辞苑』第七版は中型国語辞書であるが、同じ中型国語辞書といってよい『大辞泉』第二版（二〇一二年、小学館）、『大辞林』第四版（二〇一九年、三省堂）を対照してみよう。「シカバン」という語を例として採りあげてみる。


しか-ばん【私家版】個人が営利を目的としないで発行し、狭い範囲に配布する書籍。私版。自家版。（『広辞苑』）

しか-ばん【私家版】①官版に対して、民間の個人や寺社の刊行物。私版。②個人が自分の費用で出版して、狭い範囲に配布する書籍。自家版。（『大辞泉』）

しかばん⓪【私家版】個人が営利を目的とせずに発行して、狭い範囲に配布する書籍。私版。自家版。（『大辞林』）

『広辞苑』の語釈と『大辞林』の語釈は表現がかなりちかく、二つの語釈は何らかの「関係」を持っているのだろうと憶測するが、それについてはここでは措く。
『大辞泉』は「官版」に対して「私版」があり、それとは別に「自分の費用で出版」する「自家版」があるとみて、前者を語義①、後者を語義②として記述している。この理解はおそらく『広辞苑』・『大辞林』も同じであるが、それを①②と分けずに記述している。「私版＋自家版＝私家版」という理解といってもよいだろう。

小型国語辞書に属する『明鏡国語辞典』第二版は「しかばん」を「販売を目的とせず、自費で出版する本」と説明している。中型辞書と比して小型辞書は使うことができる言語量が限られている。したがって、修飾語を省いて簡潔な説明をめざす必要がある。「販売を目的と」していないということがそのまま「狭い範囲に配布する」ということを含意はしていない。しかし「販売」しないのであればそれは「配布する」ということになるのだから、「販売を目的とせずに配布する」と表現する必要はない。「販売を目的」とはしていないが、広い範囲に配布するということはなくはない。広告などはそういう類だろう。しかし「しかばん（私家版）」は「版」という以上、出版されたものであり、本、書籍を考えるのがもっとも自然だろう。「販売を目的」とはしていないが広い範囲に配布する出版物となると、宗教的な目的のために作られたテキストなどがまず思い浮かぶ。つまり特殊な場合だ。そうした特殊な場合を除けば、「販売を目的」としないとなれば、広い範囲は考えにくくなり、「狭い範囲に」という必要がなくなる。

さて、「シカバン（私家版）」という語の説明として『広辞苑』・『大辞林』、『大辞泉』、『明鏡国語辞典』のどれがわかりやすいと感じただろうか。ただし、ここではどの語釈がわかりやすいか、ということを論じようとしているのではない。『大辞泉』が詳しくていいな、安心だという人もいるだろう。『明鏡国語辞典』が簡潔でいいと思った人もいるだろう。『広辞苑』・『大辞林』がちょうどいいという人もいるだろう。あるいはなぜ辞書を調べたかという「目的」にもよるだろう。そのように、人によって、目的によって、どのような語釈がわかりやすいかということは変わる。そのことを指摘しておきたい。つまり、詳しければいいということでもないし、簡潔であればいいということでもない。とすれば、「詳しい説明のしかた」「簡潔な説明のしかた」いずれにも慣れ、いずれをも使いこなす必要がある。なによりもまず、言語表現とは「詳しい説明」をする必要がある時もあれば、「簡潔な説明」をする必要がある場合もある、と思っておく必要がある。そしてまた、言語量としてそういうことが許されるかどうかということもある。

またまた入試問題風の言い方になるが、小論文であれば、二百字で書きなさいとか、八百字で書きなさいというように、言語量が最初から決まっている。二百字で書きなさいという問題の時に、下書き用紙を貼り付けて、六百字にして提出したら……当然零点だろう。八百字で書きなさいという問題の時に、百字しか書いていなかったら、これまた零点になりそうだ。新聞記事も、辞書の語釈も、大学のレポートも、言語量とのかねあいの中でつくる必要がある。大事なのは、与えられた言語量、想定される言語量の中で、どのように「書きことば」を構築するかということで、それは会得しておく必要がある。

実際の文章を例として考えてみよう。一九一六年に雑誌『新思潮』に発表された、久米正雄の「競漕」という作品を採りあげてみることにしよう。

三月の半ば過ぎではあるが水上はまだ水煙りが罩《こ》めてうすら寒かった。北が晴れると風が吹いて川面に波を立てた。だんだん陽春の近づくにつれて、隅田を下る船の数が増して行く。そしてこの頃ではそれを縫って走る各学校の短艇もめっきり夥《おびただ》しくなった。一《ひ》と力漕《りきそう》終って、水神《すいじん》の傍の大連湾に碇泊していた吾々の艇内では、衣物《きもの》を被って休んでいた窪田が傍を力漕して通る学習院の艇の艇尾《ていび》につけた赤い旗を見やりながら、「全く季節が来たな。」と久野に話しかけた。久野は舵の処から、「うん。」と曖昧な返辞

をしながら、鐘《かね》ヶ淵《がふち》から綾瀬川口《あやせがわぐち》一帯の広い川幅を恍惚と見守っていた。いろいろな船が眼前を横ぎる。白い短艇が向うを滑る。ふと千住の方への曲り口に眼をやると、遠く一艘の学校の短艇らしいのが水煙《すいえん》を立てて漕ぎ下って来る。「おい窪田君。あれぁ農科の艇じゃないかい。」と久野は呼びかけた。

（『久米正雄作品集』二〇一九年、岩波文庫、六十一〜六十二頁）

傍線部について考えてみよう。

ⓐ水上はうすら寒かった。
ⓑ水上はまだ水煙りが罩めてうすら寒かった。
ⓒ三月の半ば過ぎではあるが水上はまだうすら寒かった。
①三月の半ば過ぎではあるが水上はまだ水煙りが罩めてうすら寒かった。

①→ⓒ→ⓑ→ⓐの順に表現を削ってみた。ⓐからみれば、表現が増えていっていることになる。さて、小説が「水上はうすら寒かった」と始まることはできなくはない。小説だった

ら十分にあり得る書き出しであろう。説明をそぎ落としたような書き出しということになる。だから、これはだんだんと説明していくという展開をするはずである。そうするしかない。抽象的な始まりをして、だんだんと具体的な説明をしていく、という展開だ。一文としてみた場合、ⓑはおかしくはないが、よく考えると「まだ」が何を基準として「まだ」なのかがわからない。それは筆者が勝手に「三月の半ば過ぎではあるが」という表現を削ったからだ。この「三月の半ば過ぎではあるが」と「まだ」とが呼応している。ⓒはその呼応がきちんと含まれているので、これはこれで過不足なく十分成り立っている。そのⓒと実際の①とを対照すると、「水上はまだうすら寒かった」という表現をより具体的にしているのが「水煙りが罩めて」という表現だ。「水上はまだうすら寒かった」は具体的に「映像」と結びつかない。「映像」を「視覚的なイメージ」といってもよい。しかし「水煙りが罩めて」という表現が加わることによって、水上に靄のように水煙りがたちこめている「映像」が浮かんでくる。この表現を加えることによって、表現全体は「具体」に傾き、この表現がなければ表現全体は「抽象」に傾く。そう考えると、ⓒ「三月の半ば過ぎではあるが水上はまだうすら寒かった」は「具体」と「抽象」の中間の、いわば「ニュートラル」な表現ということになる。

表現がなんでもそうなるわけではないが、「ニュートラル」な表現があって、それを「抽象」の側にもっていくこともできるし、「具体」の側にもっていくこともできる。基本的にはそう考えておこう。

三月の半ば過ぎではあるが水上はまだ水煙りが罩めてうすら寒かった。風が吹いて川面に波を立てた。隅田を下る船の数が増して行く。

どう感じるだろうか。おかしくないといえばおかしくない。しかし、「風が吹いて川面に波を立てた。隅田を下る船の数が増して行く」のつながりが少し「?」と感じた方はいるのではないだろうか。ここは「北が晴れると風が吹いて川面に波を立てた」を「風が吹いて川面に波を立てた」にし、「だんだん陽春の近づくにつれて、隅田を下る船の数が増して行く」を「隅田を下る船の数が増して行く」にしたために、「抽象→抽象」と展開することになり、つながりが滑らかではなくなってしまった。

文は「筋」でつながっていくと同時に、具体的なことがらや具体的なイメージでもつながっていく。「抽象→抽象」のつながりは「筋」が保証しているのだから、「筋が通って」いればつながっているといえる。しかし、「何を言いたいのかわからない」という感じになるかもしれない。それは「文」は「具体的なことがらや具体的なイメージ」が重なり合いをもって展開していくことも少なくないからだ。「読み手」は自分の持っている「具体的なことがらについての情報」と「具体的なイメージ」を重ね合わせながら「文」を受け止め、理解しようとする。「具体的なことがらについての情報」を重ね合わせて、「筋」「【ことがら】情報」を理解しようとし、「具体的なイメージ」を重ね合わせて、「【感情】情報」を理解しようとする。だから、「読み手」が文、文章を理解するためには、「具体」が必要であることが少なくない。

②久野は舵の処から、「うん。」と曖昧な返辞をしながら、鐘ヶ淵から綾瀬川口一帯の広い川幅を恍惚と見守っていた。

ⓓ久野は舵の処から、「うん。」と返辞をしながら、鐘ヶ淵から綾瀬川口一帯の広い川幅を見守っていた。

ⓔ久野は舵の処から、「うん。」と曖昧な返辞をしながら、鐘ヶ淵から綾瀬川口一帯の広い川幅を見守っていた。

ⓕ久野は舵の処から、「うん。」と返辞をしながら、鐘ヶ淵から綾瀬川口一帯の広い川幅

を恍惚と見守っていた。

もともとの表現②から「曖昧な」と「恍惚と」を削ったものがⓓである。（筆者には）ⓓはⓓで「あり」と感じる。ⓔとⓕとも「あり」かもしれない。しかし、②やⓓに比べると少し落ち着かない感じがする。それは「曖昧な返辞をしながら」と「広い川幅を恍惚と見守っていた」という表現が、気分の上で（といっておくが）「呼応」している、対になっているからではないかと思う。「曖昧な返辞をしながら」「恍惚と見守る」。だから「曖昧な」がなくて「恍惚と」があっても、「曖昧な」があって「恍惚と」がなくても落ち着かない。入れるなら「曖昧な」「恍惚と」が揃っていないと「バランス」がよくない。ないならないで、両方なければ、それはそれで「バランス」がとれる。「呼応」といえば、主語と述語の「呼応」ばかりが話題になっていないだろうか。それももちろん大事であるし、それは基本といってよい。しかし、文、文章はもっと細かな、繊細なところで「呼応」しているもので、そうであって初めて「整ったすがすがしい」文、文章なのではないか。ここで述べていることとは細かすぎるかもしれない。しかし、おおざっぱな文、文章はいつでも書ける。だからまずは丁寧に、細かく考えてみたい。

短歌のパラフレーズ

第二部では短歌を使ってさまざまなことがらについて考えていくので、その「肩慣らし」をかねて、ここでは言語量を考える素材として短歌を採りあげてみよう。短歌は言語量に制限を設けた短詩型文学である。①は『恋衣』（一九〇五年、本郷書房・金尾文淵堂）、②は『美知乃久《みちのく》』（一九四七年、文化書院）、③は『歩道』（一九四〇年、八雲書林）、④は『小紺珠』（一九四八年、古径社）に収められている。

---

①金色《こんじき》のちひさき鳥のかたちして銀杏ちるなり夕日の岡に　（与謝野晶子）

②春雪《しゆんせつ》のほどろに凍《こご》る道の朝流離のうれひしづかにぞ湧く　（木俣修）

③薄明《はくめい》のわが意識にてきこえくる青杉《あをすぎ》を焚《た》く音とおもひき　（佐藤佐太郎）

④一本の蠟燃《もや》しつつ妻も吾《あ》も暗き泉を聴くごとくゐる　（宮柊二）

「パラフレーズ（paraphrase）」は〈語句の意味をわかりやすく別のことばで述べること・敷衍すること〉と定義しておく。「フエン（敷衍）」は〈おしひろげること〉であるが、そこから〈意義をおしひろめること。言葉を加えて、詳しく説明すること〉という語義を持つにいたった。ここでは、やや詳しく「歌意」を説明することと考えてよいだろう。

①は教科書などにも載せられている作品だ。塚本邦雄は『日本名歌集成』(一九八八年、學燈社)において、この作品の「歌意」を「黄金に照り映えて銀杏《いちょう》が舞い散る。百の千の小鳥のように、それも落日の光の中に、この世のものならぬ姿に降りしきる。岡は今、無人の静けさだ」と説明している。

五句「夕日の岡に」はいわゆる「倒置法」で、作品全体は「夕日の岡に金色の小さい鳥のような形をして銀杏が散る」ということに尽きているようにも感じる。短歌という「器」に盛られている「基本情報」はそうだろう。塚本邦雄は「歌意」の中で「岡は今、無人の静けさだ」と述べているが、倒置して五句として置かれている「夕日の岡」に注目したい。

銀杏の葉が散っているのだから、銀杏の木がなくてはならない。その銀杏の木が「岡」に生えていて、その「岡」を「夕日」が照らしている、というのがもっとも自然な理解だろう。しかしそれではパラフレーズしたことにならない。それは単に作品が描写しているのが「何か」ということを説明したにすぎない。クロード・モネに「りんごの入った籠」と呼ばれている作品がある。描かれているのは、たしかに籠に入ったリンゴである。しかしその絵画作品を前にして「この作品は何を描いているのでしょうか」と質問された時に、「りんごの入った籠」を描いている、と答えるのは、今風にいえば「まんまじゃないか」ということになる。リンゴと籠以外は何も描いていないのだ、という「みかた」が成り立つのかどうか筆者にはわからないが、質問の「何」はもっと広い意味合いでの「何」と捉えるのが自然だろう。その「何」は画家の気分なのか、時代の雰囲気なのか、わからないが、とにかく、「何」かがあるということを前提とした質問だろう。それは結局はわからない「何」かもしれないが、とにかくその「何」を含めた説明がパラフレーズだろう。

そう考えた時に、①の「何」はなんだろうか。銀杏の葉は次から次へと一斉に散ってくる時がある。英語には「Ginkgo Day（銀杏の日）」という表現がある。YouTubeには「Ginkgo Rain」というタイトルの動画がアップされていた。寺田寅彦は「藤の実」というエッセイの中で次のように述べている。『科学と科学者のはなし』（二〇〇〇年、岩波少年文庫）から引用する。まず寺田寅彦の自宅の藤棚の藤豆が「午後一時過ぎから四時過ぎごろまでの間に頻繁《ひんぱん》にはじけ、それが庭の藤も台所の前のも両方申《もう》し合わせたように盛《さか》んにはじけた」（一六八頁）ことが紹介され、「植物界の現象《げんしょう》にも、やはり一種の「潮時《しおどき》」とでもいったようなもの」（一六九頁）がある、と述べた上で、銀杏の話になる。

もう一つよく似た現象《げんしょう》としては、銀杏《いちょう》の葉の落ち方が注意される。自分の関係しているある研究所《けんきゅうじょ》の居室《きょしつ》の窓外にこの樹《き》の大木のこずえが見えるが、これが一様《いちよう》に黄葉《こうよう》して、それに晴天《せいてん》の強い日光が降《ふ》り注《そそ》ぐと、室内までが黄金色《おうごんいろ》に輝《かがや》きわたるくらいである。秋が深くなると、その黄葉がいつの間にか落ちてこずえがしだいにさびしくなっていくのであるが、しかしその「散《ち》り方《かた》」がどうであるかについては、去年の秋まで別に注意もしないでいた。ところが去年のある日の午後、なんの気なしにこの樹のこずえをながめていたとき、ほとんど突然《とつぜん》に、あたかも一度に切って散らしたようにたくさんの葉が落ち始めた。驚《おどろ》いて見ていると、それから十余間《よけん》をへだてた小さな銀杏《いちょう》も同様に落葉《らくよう》を始めた。まるで申《もう》し合わせたように、濃密《のうみつ》な黄金色の雪を降《ふ》らせるのであった。不思議《ふしぎ》なことには、ほとんど風というほどの風もない、というのは落ちる葉の流れがほとんど垂直《すいちょく》に近く落下して、樹枝《じゅし》の間をくぐりくぐり脚下《きゃっか》に落ちかかっていることで明白であった。なんだか少しものすごいような気持ちがした。何かしら眼《め》に見えぬ怪物《かいぶつ》が樹々《きぎ》を揺《ゆ》さぶりでもしているか、あるいはどこかでスウィッチを切って電磁石《でんじしゃく》から鉄製《てっせい》の黄葉をいっせいに落下させたとでもいったような感じがするのであった。ところがまた、今年の十一月二十六日の午後、京都大学のN博士《はかせ》と連れ立って上野の清水堂《きよみずどう》の近くを歩いていたら、堂のわきにあるあの大木の銀杏《いちょう》が、突然《とつぜん》にいっせいの落葉を始めて、約一分くらいの間、たくさんの葉をふり落とした後に再《ふたた》び静穏《せいおん》に復《ふく》した。（一七〇〜一七一頁）

こうした銀杏の葉の散り方を知っているかどうか、自身が見たことがあるかどうかはパラフレーズに影響を与える。そういう時を詠んだと思わなければ「銀杏の葉が時々はらはらと舞い落ちてくる」という「よみ」になるだろう。しかし、一度に散ってしまう銀杏の葉のそういう時ではない時を詠んだという「よみ」は不自然といえば不自然で、可能性はあるが、蓋然性は低い。

塚本邦雄は、夕日に照らされて銀杏の葉が散るさまから「この世のものならぬ姿」を感じている。それは夕日に照らされることによって、銀杏の葉は黄色ではなく金色となり、その一斉に散り落ちてくる金色の葉によって銀杏の木のあたりの空間が金色に輝くさまをそう感じたのだろう。そしてそこがそういう空間だとすれば、「岡」は「無人の静けさ」、無音であるはずだ。①から「この世のものならぬ」ということを感じることは難しいかもしれない。しかし「金色」は「この世のものならぬ」ということと結びついていくことが多い。平泉の金色堂を詠んだ、芭蕉の「五月雨の降り残してや光堂」を思い浮かべる人もいるかもしれない。

右で述べたことは、基本的には①が「実景」に基づいた作品であろうという前提にたっている。しかし、「実景」を大前提にすると、短歌作品が文学作品であることから離れてしまう。

例えば、「作品の作者はどこにいるのですか？」という問いをたてる。銀杏の葉が「ちひさき鳥のかたち」をしていることが見えているのだから、銀杏の木の下だ、という答えができる。

いやいや待ってください。銀杏の木のそばを歩いて通った時に、地面に落ちている銀杏の葉を見たことはないのでしょうか。筆者などは、綺麗な色や形の葉は拾って自宅の机の上に飾っておいたりする。あるいは雨に濡れた葉が地面にはりついて、ああおもしろい形をしているな、と思ったことはないのでしょうか。銀杏の葉が「ちひさき鳥のかたち」のようだというのは「比喩」であるが、これは実際に散り落ちてくる葉を見た時に思いついたことなのでしょうか。そうかもしれません。しかし、もともとそう感じていたかもしれません。

だから、作品の作者が銀杏の木の下にいる、という「みかた」は幾つかある「みかた」の一つと思っておいた方がよい。そもそも今日見た「実景」をもとに、家でこの作品をつくったという可能性はないのでしょうか。

「夕日の岡」が見えるためには、離れていなければならない。だから作品の作者は離れたところにいる。そうすると、矛盾が生じてしまう。しかし矛盾してはいけないのだろうか。二つの別々のことを組み合わせてはいけないのか。例えば、夕日の照らす岡の上の銀杏の木を遠くから見たことがある。今日は銀杏の木の下を通って金色の葉が一斉に落ちてくる「Ginkgo Rain」を経験した。二つを組み合わせて①ができた。倒置はそういうことを示しているのではないか。

さて、①は特殊な、限定された「【ことがら】情報」を短歌にしたというおもむきがあるが、②〜④は「【ことがら】情報」と「【感情】情報」とがともに盛り込まれている。

②の「ほどろに」はここでは〈まだら〉ぐらいに捉えておけばよいだろう。『日本名歌集成』で大西民子はこの作品の「歌意」を「春の雪がまだらに残って凍っている道を歩いていると、しみじみとさすらいの旅にあるようなかなしみが、胸に湧いてくることだ」（四六四頁）と説明している。

木俣修が昭和六（一九三一）年三月に東京高等師範学校を卒業し、四月四日の夜に東京を発って仙台の宮城県師範学校に赴任する時の作品と考えられている。②は、木俣修の第二歌集『美知乃久《みちのく》』の「仙台赴任」という小題の附された連作十首の二番目に置かれている。ちなみにいえば一番目には「春の雪みだれて降ればかりそめの宿《やどり》の夜《よる》のわがこころいたし」が置かれている。

木俣修は『故園の霜　自註』（一九八二年、短歌新聞社）において、「「流離のうれひ」などということばは今から考えれば気ざっぽく甘ったるいものとも思うけれども、まだ若かった私のこころの真実を訴えるにはこのことばしかなかった」「春が来ても道には斑雪が凍っていた。そんな道を毎朝仙台の北外れにある学校に通ったのだが、その途上の思ひをそのまま訴えたものである」（二十五頁）と述べている。

「流離のうれひ」は「【感情】情報」を「ウレイ（愁）」という語で直接的に表現し、さらにその「ウレイ」がどのような愁いであるかも「リュウリ（流離）」という語で説明している点、あからさまといえばあからさまである。「春雪のほどろに凍る道（の朝）」が「流離のうれひ」を思わせたというかたちで、具体的な「【ことがら】情報」と「【感情】情報」とが組み合わせられている。

③の「歌意」について、『日本名歌集成』は「未明の薄ら明かりの、まだ朦朧としている意識の中に聞こえくる音、徐々に覚めていき、はっきりしてくる意識の中で、その音を青杉

を燃やす音に違いないと思った」（四七四頁）と説明し、「鑑賞」では「「薄明の意識」の世界、その中に聞こえてくる音、何の音とも聞き分けがたい未分明な状態から次第に脱して、そのバチバチと弾ける音から青杉を燃やす音と思いついて行く。五句三一音の歌の調べに載せて、意識の曖昧模糊とした域から判然とした段階までの移行を歌う。名状しがたく未分明な心理の世界へ分け入っての作歌。そこにこの歌の今日に及ぶ不朽性と斬新さがある。「薄明の意識」は「意識の朦朧とした状態」（自註）なのであるが、そうとだけ言って一切の説明をつけ加えない。歌に必要な単純化は、誤解誤釈を恐れず、事象を大胆かつ端的に把握表現して、なお大方の共感享受を得るところにある。この一首、まさに単純化の極致にある」（四七四頁）と述べている。

作者である佐藤佐太郎は『互評自註歌集　歩道』（二〇〇九年、短歌新聞社選書）において、「アララギ発行所の歌評会の席上で斎藤先生から批評していただき、その心理的な把握をみとめて頂いて、作者の私は大変感謝したのであつた。この歌の『薄明のわが意識』は森鷗外から来てゐる。勿論そのままの模倣ではないが」（七十頁）と述べている。また『短歌を作るこころ』（二〇〇五年、角川書店）においては「夢と現実との間の意識で何か楽しい音を聞いていた。薄明は朝の薄明のつもりであった。ただそれだけを言った。説明を排して強く言うのが詩である」(二二五頁)とも述べている。

③は「青杉《あをすぎ》を焚《た》く音」がきわめて具体的であるが、実は「薄明《はくめい》のわが意識」が「きこえくる」音をそう思ったということで、「青杉を焚く音」が実際に聞こえているわけではない。右の「よみ」は「薄明のわが意識にてきこえくる」(音を)「青杉を焚く音と」思ったという「よみ」である。「音を」を補うことによって、上句と下句とをいわば合理的に連続させた「よみ」である。「おもひき」とあるので、過去にそう思ったということになる。しかし、上句「薄明のわが意識にてきこえくる」は現在を強く思わせるし、「そう思ったことが過去にありました」という「よみ」は合理的ではあっても何か違和感がないでもない。そのように「よむ」と「きこえくる」という「ありあり感」がいきない。この作品の場合、合理的に「よむ」ことよりも、上句と下句、それぞれの「パーツ」の仕上がりの良さを認め、その組み合わせから読者が何かを感じるという「よみ」がよいのかもしれない。「パーツの仕上がりの良さ」は、「磨き上げられた表現」そのものであり、「強く言うのが詩である」にも通じる。

具体的な音を喚起できそうな表現によって、「薄明のわが意識」が聞いたように感じた音を具体化した、ということだ。意識のありかたの変化を短歌という言語量に制限のある「器」によって明確に表現している。「薄明のわが意識」という「抽象度」の高いことがらを

「青杉を焚く音」という具体的、限定的なことがらと対置させることによってわかりやすく表現している。

④の「歌意」を高野公彦は「一本のろうそくを燃やし、その炎を妻と私は見つめている。停電の夜、あたりは物音一つしない。かすかに揺れつつ燃えるろうそくの炎は、暗闇に湧く泉のように、妻と私の心を浄めてくれる。その泉の、音なき音に、二人は耳を傾けている」（『日本名歌集成』四七九頁）と説明している。「鑑賞」では「濃い闇の底で燃えるろうそくの炎は、かぼそく頼りないようでいて、案外に粘りづよく燃え、人間の心をやわらかく照らし、あたたかく包む。あたかも暗闇に湧く泉のように、それは人間の心を浄めてくれる。戦後の貧しさの中の、ふと得たささやかな喜びをつつましく歌った作品」と述べる。

この作品は宮柊二の『小紺珠』に収められているが、そこでは「不安」という小題のもとに並べられている九首の末尾の歌にあたる。

焼跡に溜れる水と帚草《ははきぐさ》そを圍《めぐ》りつつただよふ不安
とどまれる一《ひと》貨車の列《れつ》黒けれど危ふげもなく夜に入りゆかむ
思想たがふ環境にも耐へて生きたしとある夜《よ》三十歳を過ぎし弟《おと》言ふ

根づきたる夏茱萸《なつぐみ》の木は夜半《よは》すぎし午前一時頃黒々と立つ
せばまりし道をみちびく路次の口なにか悲しみを湛へたり見ゆ
しづかなる菁莪《しやが》ひと群《むら》を雨うちて午後の曇《くもり》の果つる際《きは》を見つ
にじみ来る涙知らゆな楓《かへるで》の葉蔭ゆくときわれは独《ひとり》を
孤独《こどく》なる姿惜しみて吊し経《へ》し塩鮭も今日ひきおろすかな
一本の蠟燃《もや》しつつ妻も吾《あ》も暗き泉を聴くごとくゐる

（七～十頁）

高野公彦は「暗闇に湧く泉」が「人間の心を浄め」ると感じ、「ささやかな喜びをつつましく歌った」とパラフレーズするが、ここは捉え方が分かれそうに思う。「暗き泉」が「不安」をあらわすと捉える人もいるはずだ。「泉を聴く」ことはできない。「聴く」は聴覚にかかわる動詞であるので、「暗き泉」が何らかの音をあらわしていると捉えるか、「暗き泉」をかすかな音を聴きとろうとするように「見る」と捉えるか、いずれにしても、この表現をめぐって感覚が交錯し、重ね合わせられている。そこがこの作品の表現の特徴といってもよいが、意図的な「交錯」といってもよい。それによって、作品は直線的に理解することができなくなり、「よみ」も分かれていく。しかしそれこそがこの作品のねらいだったとすれば、パラフレーズを拒んでいるともいえよう。パラフレーズできないとなれば、ずっと「あでもない、こうでもない」と考え込むことになる。そしてさまざまな「よみ」が試みられる。さまざまな「よみ」は五つ考えつくのか、十考えつくのか。十の「よみ」が可能ならば、作品がそれだけの情報量を内包しているということでもある。

本章においては、「情報」と「言語量」とのかねあいということについて考え、整理を試みた。最後には言語量に制限を設けている短歌を採りあげた。短歌については第二部で改めて採りあげることにする。

第三章

バランスのよい言語化

第三章ではここまで述べてきた「ことがら／感情」「抽象／具体」ということを視野に入れながら「情報」を過不足なくバランスよく言語化するということを話題にしていきたい。

そして第二章でふれた「共感」ということについても考えてみたい。

新聞記事を使って考えてみよう。

誰が何に共感するのか？

田中は江戸期の洗練された琳派の世界に共感し、デザインの分野で日本人としてのアイデンティティーの確立に力を注いだひとりだ。和の色彩や漢字、かな文字を西洋のモダニズムデザインの理念と融合させ、日本の伝統美を現代に届けようとする意志が、本展の出品作約270点からうかがえる。

「田中」はグラフィックデザイナーの田中一光（一九三〇〜二〇〇二）のこと。『朝日新聞』夕刊（二〇二〇年二月十八日大阪本社版）に載せられた記事だ。記事中に「共感」という語が使われている。

田中一光は「江戸期の洗練された琳派の世界に共感し、デザインの分野で日本人としてのアイデンティティーの確立に力を注いだ」とある。「キョウカン（共感）」の語義を小型の国語辞書で調べてみよう。

①同じ気持ちを感じること。（『三省堂国語辞典』第七版）

②他人の感情・考え・主張に、全くそうだと感じること。その気持。（『岩波国語辞典』第八版）

③他人の意見や感情を全くその通りだと感じること。また、その気持ち。

④他人の考え・感情を、そのとおりだと受け止めること。また、その感情。同感。↕反感。

（『明鏡国語辞典』第二版）

（『集英社国語辞典』第三版）

⑤他人と同じような△感情（考え）になること。

（『新明解国語辞典』第七版）

①には「他人」がない。しかし「気持ち」を有するのはまずは「人」であろうから、「他人」とないが、そこは②〜⑤と同じような語釈といってよい。ただし、①は「気持ち」としかなく、②〜⑤には「考え」「主張」「意見」などが含まれている。したがって、②〜⑤は「【ことがら】情報」「【感情】情報」いずれに対しても「共感」できることになる。

「同じだと感じる」のは自身だから、「自身」に対して「他人」がまずある。「同じ」と感じることは「感情」「考え」「意見」ということになる。とすれば、「キョウカン（共感）」という語が使われるにあたっては、「他人」があってその「他人」の「感情」「考え」「意見」があることになるが、引用した新聞記事にはそのどれもがない。「江戸期の洗練された琳派の世界」には「他人」もなければ「感情」「考え」「意見」もない。つまりこの「キョウカン（共感）」は「変化球」だということになる。他の例をみてみよう。

キャラクターデザインや色使いには、悪役にも味方にも気味の悪さがあり、「かつてなら俗悪と言って批判されたのでは」と語る。癖の強い絵柄で語られる炭治郎の内面は、敵である鬼の不遇さに慈愛をもって共感するなど、優しさが印象的だ。

（『朝日新聞』二〇二〇年二月十八日朝刊「文化文芸」面）

『週刊少年ジャンプ』で連載されていた漫画「鬼滅《きめつ》の刃《やいば》」についての記事だ。「炭治郎の内面」が「鬼の不遇さ」に「共感する」ということで、「内面」は「人」ではなく、いわば「無生物」で、「鬼の不遇さ」の「鬼」を「他人」とみることはできるが、「不遇さ」は「感情」「考え」「意見」のいずれでもない。これまた「変化球」だ。

「和食」と一口に言っても、そのイメージは人さまざま。２０１８年の「訪日外国人の消費動向」（観光庁）によれば、訪日客が満足した飲食の2位はラーメン（1位は肉料理）だった。その理由に「自国で味わうことができない」や「伝統的・日本独特」という回答も多くみられたという。ご当地の味も多く、共感できる一方で、「これは中華料理では」と考える人もいるだろう。

（『朝日新聞』二〇二〇年二月十三日朝刊）

「ラーメン」に「共感」しているのは「訪日客」だ。「ラーメン」は「他人」の「感情」「考え」「意見」ではない。「ラーメン」に「共感」するというのはそもそもどういうことなのだろうか。「自国で味わうことができない」と思ったり、感じたりすれば、それはもう「共感」なのだろうか。「共感」は「他人と同じように感じること」だから、他人がこれはだめだなと感じていることに「共感」することもあるはずだ。しかし、「共感」が〈肯定的に感じること〉あるいは〈感じること〉も抜きにして〈肯定的に捉えること〉というような語義として捉えられていないだろうか。そうであれば、「〜に共感」の「〜」には「他人」の「感情」「考え」「意見」に限らずなんでも入ることになる。

東京五輪・パラリンピックで中米コスタリカのホストタウンになっている松川町が、高校生を同国に派遣する資金を、ふるさと納税のクラウドファンディングで募り、目標額１００万円を達成した。成否のかぎは返礼品ではなく、プロジェクトへの「共感」。目標に遠く及ばなかった昨年度の反省を生かした。

コスタリカは、九州と四国を合わせた面積に約５００万人が住む。常設の軍隊を持たないと憲法で定め、バナナやパイナップルなどの農業が主要産業。果物の産地として知られる松川町は8年前から、国際協力機構（ＪＩＣＡ）やＮＰＯ法人「国際農民参加型技術ネットワーク」を通じ、同国から研修員を受け入れるなど交流を深めてきた。

昨年度から始めた高校生派遣事業の背景には、進学などで町を出た若者が戻ってこないという地方共通の課題がある。異文化交流を通じて自らの地域や暮らしを見つめ直してもらい、将来の町づくりを担う人材を育てたいとの狙いがある。

課題は、派遣資金の調達だ。昨年度もふるさと納税サイト「ふるさとチョイス」のクラウドファンディングを利用し、２００万円を目標に寄付を募った。だが、集まったのは20万円。町の狙いに共感を呼ぶことはできなかった。

（『朝日新聞』二〇二〇年一月十八日朝刊長野全県版）


少し長く引用した。「町の狙い」は「異文化交流を通じて」「将来の町づくりを担う人材を育てたい」ということだ。「町」は「他人」ではない。「狙い」は「考え」とみることができるのでそこはいい。例えば「町の狙いに賛同を得ることはできなかった」ではだめなのか。さらにいえば「共感」はするが、寄附をするというかたちで賛同することはできない、ということだってあるのではないかと思う。「プロジェクト」の内容はこれこれです。賛同していただけますか。これとこれとは賛同できるけど、これは賛同できない。そういうプロセスを飛び越えて「共感してもらえますか」ということにみえる。提示された「【ことがら】情報」を検討するのではなく、一気に感情に訴えているようにみえる。

「世界から紛争をなくす」というプロジェクトです。共感していただけますよね。「世界から紛争をなくす」ということに反対する人はいないだろう。つまり共感しない人はいない。しかし重要なのは、それをどうやって具体的に実現するかということで、「世界から紛争をなくすというプロジェクト」にはそこが「【ことがら】情報」として書き込まれている必要がある。できれば箇条書きで。それがなかったとしたら、それは「反対する人のいないお題目」のようなものになってしまう。「総論賛成各論反対」どころか「総論賛成各論不提示」だ。「総論」が「抽象」で「各論」が「具体」だとすれば、「具体」がない「総論」のみでは、具体的な検討や検証がしにくい。

それは「反証可能性（Falsifiability）」が確保されていないということだ。「反証可能性」はイギリスの哲学者、カール・ライムント・ポパー（Sir Karl Raimund Popper, 1902-1994）が提唱した考え方で、仮説は実験、観察などによって検証（反証）できるように構築されていなければならないという考え方だ。そして、「反証可能性」が確保されていなければ「科学」ではないと考える。この考え方に従えば、「総論賛成各論不提示」は「科学」ではない、ということになる。

「エコーチェンバー現象」という語がある。『デジタル大辞泉』は「《echo chamber は反響室の意》SNSにおいて、価値観の似た者同士で交流し、共感し合うことにより、特定の意見や思想が増幅されて影響力を持つ現象。攻撃的な意見や誤情報などが広まる一因ともみられている」と説明している。「反響室（echo chamber）」の中に一つの意見、一つの感じ方だけが反響し続けたら……どうなるか。「共感」という「感情」が「ことがら」を排除し、「共感」という「抽象」が「具体」的な検証を排除することは、望ましいこととはいえないだろう。

筆者は『朝日新聞』の記事を「聞蔵Ⅱ」という検索機能付きの記事データベースによって検索している。本書は『朝日新聞』の記事を使用例としてあげることが少なくないが、それはそのためだ。（いろいろな考え方があることは承知しているが）筆者は、実際に使われた例を重視しているので、新聞記事を使うことが多い。「共感」を検索したところ、次のような記事にであった。

日本語で話した内容を英語で読みあげるような音声合成の技術では、翻訳後の声はあらかじめ用意された他人の声です。聞き手がより共感しやすいように、話し手と同じ声音で読み上げる合成技術も開発しています。
（『朝日新聞』二〇一八年十月十八日）

言語化に無関係ということではないので話題としたい。記事を読むと「合成技術も開発している」のはNTTであることがわかる。NTTの努力は尊い。それは認めた上で、別の観点から一言述べさせていただくことにする。「たわごと」と流していただいてかまわない。筆者からすれば、「自分」と「自分以外の世界」という分け方は、排他的分類のもっともわかりやすいものだ。「自分」でないものは「自分以外のもの」。同語反復的ではあるが、わかりやすい。「自分」でないものが「自分」の声を発するということによって、右の、いわば絶対的な排他的分類が混乱しないだろうか。

また録音された自分の声を聞くと、自分の声ではないように聞こえる。そういうことはもちろんわかった上での開発であろうが、「共感しやすいように」ということからすれば、合成された音声は自分がいつも聞いている自分の声になっているのだろうか。

それはそれとして、「他人の声」では「共感しにくい」という発想はどこからでてきたのだろう。「他人の声」に共感できないのだったら、他人の言うことすべてに共感できないこことになる。声という生理的、具体的ではない「書きことば」だったら？　リアルではないから共感できないということになるのか。これは「自分」の発する声以外は認められない、という発想に基づいているのではないか、とさえ思う。過剰に「共感」を求める現代社会の「心性」といっていいかどうか、そこにも迷うが、しかし「共感病」とでもいえそうな状況になっていないか危惧する。

「【ことがら】情報」と「【感情】情報」があることは繰り返し述べてきた。まず「共感」を求めるということは、細かいことはおいておいて、賛成できるかどうかを「感情」側においてまず確かめたいということにみえる。「細かいこと」は「【ことがら】情報」側のことであることが多そうだ。

「感情」側で一致するということも大事だ。「あなたと私とは同じ感性をもっている」ということが確認できると嬉しい。しかしそれは「具体」を伴っている場合だ。おおざっぱな「感情」側で一致するというのは、「しょぼんとしているより元気がいいよね」というようなことだ。「感動したい」「感動を与えたい」も大きな「感情」だ。「みんなで盛り上がろう」が大事な時もある。だからそれがいけないということではない。そういう「元気」が必要な時もある。しかし、人間の日常生活は具体的で、個別的なものだ。その具体的で、個別的な日常生活をよりよく展開させるために、言語コミュニケーションが機能している。言語の役割はそうしたものだけではないと考えるが、「言語コミュニケーション」は重要だ。そうだとすると、言語は具体的で個別的な「情報」にも対応できないといけない。そうなると「【ことがら】情報」の受け渡しが大事になってくる。

「ことがら」と「感情」

島村利正（一九一二〜一九八一）の作品『青い沼』をあげてみよう。堀江敏幸『いつか王子駅で』（二〇〇一年、新潮社）の中に、作品の登場人物である「私」が、島村利正の『残菊抄』（一九五七年、三笠書房）について「複雑にしてかそやかな陰影をほどこされた男女の、あるいは親子の感情の切れ端が、すこし言い足りないくらいの表現からじわりとわき出てくる」（三十五頁）と述べる行りがある。そしてその後に、次のようにある。

——退屈な日常をいかに反復すべきかをみずからに問いかけるとき、都電沿いを歩いたり荒川べりで野球を観たり図書館でひがな一日本を読んだり王子にモノレールを招致しようなんぞという埒もない空想にかまけたりしながらも、畢竟、こうした「子供心に似たほのかな狼狽」を日々感じうるかいなかに、大袈裟だが人生のすべてがかかっているとも思うのだ。そのためには、目の前を流れていく光景に、刻々と更新される哀惜をもって接しなければならないはずなのだが、そういう当たり前といえば当たり前の努力を私はしているだろうか。ただでさえ想像力に乏しい頭を補う眼を養っているだろうか。島村利正の短篇を読み継いでいると、移動を義務づけられながらもじっと一所にたたずむ術を心得た駄馬のような視線にたいする憧憬を感じないではいられない。

（三十七〜三十八頁）

さて、その島村利正の『青い沼』には次のような行りがある。

宇吉はとなりの、東と南に窓を持つ明るい部屋を、むかしから寝室に使っていた。その部屋の木製のベッドは、ダブルのように大きかったが、いまでは蒲団をはずして、マットレスだけの、裸のベッドになっていた。

部屋の隅には、違い棚風の大きな飾り簞笥が、以前のままの恰好で置いてあった。その簞笥の上に載っている青磁の壺も、前と変りがなかった。壁にかかっている中禅寺湖の油絵。黒檀の、背の高い小机。窓に向いた、卓子の上の小道具など、ベッドを除いて宇吉の部屋は、宇吉が生きていたころと、まったく同じ感じを持っていた。

つぎは三日にいちどぐらい、黙って二階へあがって、電気掃除機で二つの部屋を掃除した。それは宇吉が生きているときと、同じような仕草であった。

つぎの掃除ぶりには、すこし依怙地のようなところがあって、篠は階下でその排気音を聞きながら、いつもちょっと、気になったりした。その音を聞いていると、宇吉に手術をすすめた篠に、つぎがなんとなく、抗議しているように思えたりする。

しかし、それとは別に、篠自身もときどき二階にあがり、ベッドに腰かけて、沼を見おろしてみる。そんなときに篠は、ふと、煙草を喫ってみたくなるのだ。

先夜つぎを送ってきた笹沼の、思いがけない姿は、いまでも篠の気持のなかに、なまなましい影をのこしていた。あの幻影のような一瞬のなかで、小絣を着てうつ向いていたつぎの姿は、笹沼よりいっそう強い印象を持っていた。いつも無口で、偏屈者だと思っていたつぎの姿に、あのときは女の匂いがいっぱい飛び散っていた。

しかし篠は、不思議に思えてならなかった。梨の袋かけがはじまって、このごろ毎日のようにやってくる笹沼に、そのつぎの姿がどうしても結びついていかない。笹沼のぬけぬけとした明るい感じが、その連想を妨げるのか、笹沼をみていると、あのときのつぎの姿が、ふと笹沼から離れて、やはり、死んだ宇吉のどこかに繫がってきそうに思われて、篠はそれが怕かった。

それにこのごろ、気がついてみると、無口のつぎの動作のなかに、宇吉の匂いがいっぱいあるように思われる。宇吉の晩年は、自分よりつぎの方が、宇吉に近かったという思いは、別の安心感があってのことであった。つぎがむかしの宇吉の洋服を、篠に断らずに、何気なく虫干ししたりしているのを見ると、篠はふと、頰に血がのぼってくるような気がする。

篠はある日、笹沼から変り咲きのダリヤの花をたくさん貰った。つぎはそのとき、梨畑に出かけていなかった。篠はひとりで二階にあがって、茎を焼いたダリヤを、飾り箪笥の上の壺に、無造作に活けてみた。

大きなピンクの花弁が、ふかい青磁の壺の上で、燃えるようにひらいているのを見ると、宇吉の部屋がにわかに蘇ったようで、つぎの掃除ではないが、これからは無人の宇吉の部屋にも、ときどき花を飾ってやろうと、ひそかに思ったりした。

しかし、暫くして笹沼が梨畑からヴェランダにもどり、篠は冷蔵庫からジュースなど取り出していると、いつの間につぎが畑から帰ってきたのか、食堂の扉のところに、さっき篠が活けた二階のダリヤを、そのままそっくり、抱きかかえるようにしてふいに現われたので、篠はびっくりした。

「その花は二階でもいいじゃないの。二階は寂しいし、それにその花は、すごく立派だから、わたし、わざわざ二階へ上っていって、あの壺に飾ってみたのよ」

篠はちょっと、咎めるような口ぶりになったが、つぎはうつ向いたまま、

「旦那様がおられるようで、いやなんです」

と、つよい低声で云った。

篠はそのとき、

「そう」

と、云ったまま、思わずつぎの顔をみつめた。つぎは食堂の棚にある大きな硝子の水指しに、黙ってそれを活けかえた。

（島本利正『青い沼』一九七五年、新潮社、四十四～四十七頁）

「宇吉」は「湖沼学者であった下条宇吉」ですでに亡くなっている。「篠」はその妻で、「つぎ」は「深大寺近くの、農家の生れ」で「お手伝い」、「笹沼は三棟の温室も持つ、中級の園芸農場を経営している、独身者の、ちょっと風変りな中年男」という設定になっている（十頁）。

「野暮」も「杓子定規」も承知の上で、あえておおざっぱに、右の文章中で「【感情】情報」をあらわしている表現に傍線を施してみた。大学の入試問題であれば、「ふと、煙草を喫ってみたくなる」に傍線を引いて、「篠はなぜそういう気持ちになるのか。二十字以内で説明せよ」というようなことになるかもしれない。右の範囲内で説明することはできないが、前の方に「篠はこのごろ、煙草を試みに喫みはじめていた。夫の宇吉が亡くなってから二年、常に一緒に暮していたわけではなかったが、このごろなんとなく、空虚で、そして所在がなくて仕方がなかった」（十五頁）という行りがある。この行りを考え併せると、「空虚さや所在のなさを感じるから」がひとまずの答えであろう。しかし、文章の「よみ」としては、「なぜそう感じるのか」というところまでいきたい。ただしその答えは「二階が宇吉の不在を強く感じさせるから」というような結局は同じような答えになるかもしれない。

「つぎ」は「宇吉」が使っていた二階の二つの部屋を「三日にいちどぐらい」掃除する。

「篠は階下でその排気音」を聞いている。そして「つぎ」が自分に「抗議しているように」感じることがある。「二階」は「宇吉」を思い出させる空間、あるいは「宇吉」そのもので、「二階」と「階下」とが二項対立的に配置される。「篠」は「つぎ」と「宇吉」がどのような関係であったかを気にしている。「篠」は「笹沼」が持ってきた「変り咲きのダリヤの花」を二階に「無造作に活けて」みる。なかなかいいと思って「これからは無人の宇吉の部屋にも、ときどき花を飾ってやろう」かと思う。しかし「つぎ」は「旦那様がおられるようで、いや」だからといって、ダリヤを二階から下ろしてしまう。花が活けてある部屋が「宇吉」を思わせるのか、ダリヤが「宇吉」を思わせるのか、それは文章からはわからないが、いずれにしても「篠」が思わなかったことを「つぎ」が思っている。「篠」がわざわざ二階に活けた花を「つぎ」が下ろす。ダリヤという具体的な花が「篠」と「つぎ」の行動の契機となり、その行動がそれぞれの思いを表現する。「二項対立的な構造」「具体」「抽象」がほどよいバランスを保ちながら小説が展開していく。

筆者などは、さらに花が「変り咲きのダリヤ」であったことには何かないのだろうか、と思う。もちろん「笹沼」が「園芸農場」の経営者であるからということはあるだろう。そういう登場人物がいて、具体性のない「花」であっては、つじつまがあわない。やはり「具体

／抽象」ということが大事だ。

「あのときは女の匂いがいっぱい飛び散っていた」は特徴的な表現だ。「あのとき」は右の範囲内ではわからないが、前に次のような行りがある。


篠はちょっと不安になり、楓並木の通路から村道まで出て、様子を見たりした。そとはもう真っ暗であった。篠は懐中電燈を取りに引き返し、ふたたび村道の方に出てゆくと、そのとき車の停る音がして、男の声が聞こえた。篠は闇のなかで、その車の様子をうかがっていたが、

「おれ、ここで帰るよ」

と、云っている人影に、パッと懐中電燈のひかりを当ててみた。すると、その瞬間、男の影が、着物姿のつぎから飛びのいて、

「ああ、おどろいた、奥さんですか」

と、笹沼の、おどけたような声が聞こえた。その一瞬の姿は、不意の照射におどろいただけの動作で、実際には、何事もなかったのかも知れない。しかし篠は、笹沼の腕が、つぎの肩を抱いていたようにも思われ、闇のなかで、なにかドキリとした。

――
(同前、四十三頁)

「なにかドキリとした」を「匂い」というかたちで表現しなおした。「無口のつぎの動作のなかに、宇吉の匂いがいっぱいあるように思われる」も「匂い」だ。「【ことがら】情報」を「ことがら」として説明するのではなく、「【感情・感覚】情報」と結びつけたり、置き換えたりして表現することによって、情報を一気に伝える。「【ことがら】情報」が一方に置かれていることによって、とりとめのない「【感情・感覚】情報」にはならない。「【ことがら】情報」が「抑え」となり、つかみどころがない「【感情・感覚】情報」にならない。そうしたことが大事だ。手放しの「抽象」ではなく、「具体」が縁どる「抽象」、「具体」がコントロールしている「抽象」だ。先に述べたような「共感」は「手放しの抽象」につながりやすい。

「【感情】情報」の伝え方・読みとり方

「コミュニケーション」を「はなしことば」「書きことば」を問わず、「言語、ジェスチャー、表情などを使って、情報・意思・感情を伝え合うこと」と定義してみよう。「ジェスチャー、表情」は「非言語によるコミュニケーション（Non-Verbal Communication）」であるので、これについては措くことにするが、次のような新聞記事を見つけた。

私は新型コロナウイルスの脅威が去っても、多くの人たちがマスクをつけ続けるのではないかと思っています。一度顔を隠すことに慣れると、今度は見せることがかえって恥ずかしくなってしまう。一部の人にとっては、マスクをつけている方がコミュニケーションをとりやすいこともあり、依存してしまうのです。

こうした人が増えると、人とのつきあい方も変わるでしょう。相手の感情を読み取るための情報が減るので、限られた範囲で理解するしかありません。感情や思いは言葉だけでは伝わらない部分もあるため、互いに共感しにくくなり、親密な関係をなかなか築けなくなるかも知れません。

これは「顔が見えない社会」が広がっている流れの一つだと考えています。顔は名前と並び、その人を特定する大きな要素です。ところがＳＮＳ上では、相手の顔や名前を知らなくてもコミュニケーションが成立します。それに顔や名前を下手にさらすことは、デメリットの方が大きいのはご存じの通りです。

マスク着用の広がりは、こうした「匿名」「匿顔」が主流のネット上でのコミュニケーションが、現実社会にも広がりつつあることを示していると思うのです。

(『朝日新聞』二〇二〇年二月二十二日朝刊)


右の記事では、マスクによって顔を隠している方がコミュニケーションをとりやすいと思う人がいるとみている。いまそこには踏み込まないが、「非言語によるコミュニケーション」も複雑になっていく「気配」がある。

「情報・意思」は「【ことがら】情報」と呼んできた。「感情」は「【感情】情報」だが、どちらが伝えにくいかといえば、「【感情】情報」であろう。自分の気持ち、感情をどう表現すれば他者に伝わるか。他者が発信している「気持ち・感情」をどのように読みとればよいか、は大事なことだ。


楽しいとばかり言っていられない。栄養を与え、雑草を取り、元気な美しい花を、と気持ちははやる。何の知識もなく、剪定《せんてい》までしていて失敗も数々。南天の花芽を切ってしまい、赤い実がならず、がっかりした。この失敗を糧にして、来年は納得のいく庭にしたいと思っている。塀があって誰にも見えない庭だが、秘密の基地で楽しむのもいいかもしれない。

（『朝日新聞』二〇一九年十二月二十五日朝刊西部本社版）

右では「がっかりした」といわば直接的に表現している。「カナシイ（悲）」「ウレシイ（嬉）」「クルシイ（苦）」「タノシイ（楽）」「ニクラシイ（憎）」など、人の感情をあらわす語はたくさんある。そうした語を使って自身の「感情」を言語化する。これは直接的であるから自分の気持ち、感情が他者に間違いなく伝わる。しかし直接的な表現だから、もろに伝わるともいえよう。むきだしの「感情」をそのままぶつけられた「受け手」がその直接さにたじろぎ、場合によっては傷つくかもしれない。「がっかりだ」と言われた方ががっかりするかもしれない。

『岩波国語辞典』第八版は見出し「がっかり」を「①（望みがかなわず）気を落とすさま。「―な知らせ」②疲れたり気が抜けたりしたさま。「接待を終えて―した」▽⑵は古風」と説明している。語義には②とあり、▽の下には⑵とあることについては措く。「ガッカリ」は右のような語義であるが、「ガッカリ」には類義語や、近い語義を持つ語があるはずだ。それが言語というものだ。「ガッカリ」と近い「感情」をあらわす語を集めてみよう。

こういう時には「類義語辞典」のようなものを調べてみるとよい。ここでは『角川類語新辞典』（一九八一年）を調べてみることにしよう。すると「しょんぼり」「しょぼしょぼ」「しおしお」「すごすご」「しゅんと」「げっそり」「がっくり」「がくんと」「ぎゃふんと」「ぺしゃんこ」「力無げ」「青菜に塩」「憮然」「悄然」「悄悄」などがあげられている。「ガッカリ」がオノマトペ（擬声・擬態語）であるので、やはりオノマトペが多くあげられているが、「青菜に塩」のような慣用句もあげられている。

また中村明『日本語語感の辞典』（二〇一〇年、岩波書店）は「がっかり」を「期待が外れて元気がなくなる意で、主に会話に使われる日常の和語」と説明し、「気落ち・失意・失望」を類義語として示し、「理解を深めるために、特に読み比べていただきたい語」として「落胆」を示している。

> 秋の味覚で真っ先に楽しみたいのは、大根葉の即席漬けである。
> 芽を出してまだ日の浅いみずみずしい若葉に塩をひと振りし、軽い重しをかけて数時間おく。「青菜に塩」のことわざ通り、がっかりするほど少量になるが、そのぶん一葉

も無駄にせぬよう丁寧に小口に切る。器に移し、カボス汁を数滴落とすと、えも言えぬ香りにのどが鳴る。「早く食べよう」と胃袋が催促する。

（『朝日新聞』二〇〇二年九月二十七日朝刊大分県版）

右の文章では「青菜に塩」と「ガッカリ」とが隣接して使われている。「大根葉の即席漬け」をつくるために「みずみずしい（大根の）若葉に塩をひと振り」すると、葉から水分が出て、「少量になる」。「青菜に塩」のような慣用句の意味がだんだんわからなくなってきているることが話題になることがあるが、そもそも慣用句があまり使われていないようにみえる。『広辞苑』第七版は「青菜に塩」を「青菜に塩をふりかければしおれることから、人が力なくしおれたさまにいう」と説明している。さきほどの類義語でいえば、「しゅんと（する）」あたりが「青菜に塩」だろう。たくさん大根の葉を漬けたのに、「軽い重しをかけて数時間お」いたら、「少量にな」った。「あんなにあったのに」が「ガッカリ」だ。『岩波国語辞典』は語義①として「（望みがかなわず）気を落とすさま」と記している。「ガッカリ」には「ガッカリ主体側」に何らかの望みや期待があることが多い。そのことからすると、程度は別として「ラクタン（落胆）」が近いだろう。

『広辞苑』の「青菜に塩をふりかければしおれることから、人が力なくしおれたさまにいう」は「青菜に塩をふりかけたように、人が力なくしおれたさまをいう」と言い換えてもよいだろう。「青菜に塩をふりかけた様子」によって「人が気落ちしている様子」を喩える。つまり「比喩」だ。「がっかりした」「期待外れだ」「悲しいよ」「全然楽しくない」というように「心情・感情」をそのまま（ではないが、そう表現しておく）言語化することがあるが、「比喩」を使っていわば遠回しに、婉曲に言語化することもできる。「比喩」を使うと婉曲になるということもあるが、複雑な「心情・感情」は「カナシイ」一語では過不足なく表現しにくいということもある。「比喩」を使う場合、大事なことは「AのようにB」という表現形式なのだから、Aが理解しやすいこと、AがBのぴったりとした「比喩」になっていること、が重要になる。

言語化しにくい情報を言語化するにあたって、「比喩」を適切に使えば、あれこれと説明をしないで、情報を伝えることができる。そう考えると言語量と「比喩」とはかかわりがある。

比喩によって「【感情】情報」を伝える

夏目漱石『三四郎』に次のような行りがある。「広田先生」と「与次郎」と「三四郎」との会話だ。

「その脚本のなかに有名な句がある。Pity's akin to love《ピチーズ、アキン、ツー、ラツヴ》といふ句だが……」それ丈で又哲学の烟《けむり》を熾《さかん》に吹き出した。

「日本にもありさうな句ですな」と今度は三四郎が云つた。外《ほか》のものも、みんな有りさうだと云ひ出した。けれども誰《だれ》にも思ひ出せない。では一《ひと》つ訳して見たら好《よ》からうといふ事になつて、四人が色々に試みたが一向纏まらない。仕舞に与次郎が、

「これは、どうしても俗謡で行《い》かなくつちや駄目ですよ。句の趣が俗謡だもの」と与次郎らしい意見を呈出した。

そこで、三人が全然翻訳権を与次郎に委任する事にした。与次郎はしばらく考へてゐたが、

「少し無理ですがね、かう云ふなどうでせう。可哀想だた惚《ほ》れたつて事よ」

「不可《いか》ん、不可《いか》ん、下劣《げれつ》の極《きよく》だ」と先生が忽《たちま》ち苦《にが》い顔をした。その云ひ方が如何《いか》にも下劣らしいので、三四郎と美禰子は一度に笑ひ出《だ》した。

（『定本漱石全集』第五巻、二〇一七年、岩波書店、三八七頁）

「Pity is akin to love.」という表現はアイルランド出身の劇作家トーマス・サザーン（一六六〇〜一七四六）がイギリスのアフラ・ベーン（一六四〇〜一六八九）の小説『オルノーコ』（一六八八年）を戯曲化した『オルーノーコ　悲劇』（一六九六年）にみられるが、もともとはシェイクスピア『十二夜』第三幕第一場にみられる「I pity you.」「That's a degree to love.」に基づいていることが指摘されている。

男装の麗人ヴァイオラ（シザーリオ）にオリヴィア姫が「私のことをどう思って？」と尋ねた時のヴァイオラの答えが「I pity you.」（可哀想だと思う）で、それにオリヴィア姫が「That's a degree to love.」（哀れみは恋の第一段階だ）とこたえる。

『三四郎』においては、「与次郎」が「可哀想」ということは「惚れた」ということだ、と述べる。これは「心情・感情」をあらわす語を「心情・感情」をあらわす語で言い換えているということであるが、「誰かを可哀想だと思うということはすでに好意を持ち始めているということだ」とパラフレーズできる。そしてまた、「好意を持つというのはどういうことかといえば、可哀想だと思うということだ」と反転させることもできそうだ。

比喩によって「【ことがら】情報」を伝える

比喩は「【ことがら】情報」を伝えることももちろんできる。説明しにくい「ことがら」や、複雑で重層的な「ことがら」は端的に言語化しにくい。そういう時には比喩表現が有効になる。例えば、「人の一生・人生」は山あり谷ありで、簡単には説明できない。

尾崎士郎に『人生劇場』という小説がある。愛知県吉良町（現・西尾市）から上京して早稲田大学に入学した青成瓢吉の青春とその後を描いた長編作品であるが、タイトルは「人生」を「劇場」に喩えたものだ。

そもそも世界を劇場に喩える「世界劇場」（テアトルム・ムンディ：Theatrum mundi）という捉え方は古代ギリシャからあり、ルネッサンスになって、セルバンテスの『ドン・キホーテ』、カルデロンの『人生は夢』、シェイクスピアの諸作品がこの捉え方をさまざまなかたちで描いていることが知られている。シェイクスピア『お気に召すまま』第二幕第七場には「All the world's a stage」（この世はすべて舞台）というジェイクィズの台詞があるし、『リア王』第四幕第六場で、リア王はグロスター伯爵に「人間、生まれる時に泣くのは、この大いなる阿呆の舞台（this great stage of fools）に上がってしまったからなのだ」と語る。尾崎士郎がこうしたことをふまえているかどうかは不分明であるが、このように言語圏にかかわらず、ひろく共通して使われている比喩もある。

「Love like a shadow」（恋は影法師のよう）（シェイクスピア『ウインザーの陽気な女房たち』第二幕第二場）では「恋」を、追いかけると逃げていくようにみえる「影法師（shadow）」に喩えている。「レンアイ（恋愛）」を「特定の異性に特別の愛情をいだいて、二人だけで一緒に居たい、出来るなら合体したいという気持ちを持ちながら、それが、常にはかなえられないで、ひどく心を苦しめる・（まれにかなえられて歓喜する）状態」と説明した国語辞書がかつてあったが、説明がしにくい「レンアイ（恋愛）」や「コイ（恋）」を比喩によって説明するのは（その比喩がぴったりであれば、ということであるが）有効であろう。「トレンディードラマのような恋」（『朝日新聞』二〇〇九年二月四日朝刊大阪本社版）という表現では、「トレンディードラマ」がどういうものであるかがわからなければ、この表現自体が成立しない。「僕は、駆け引きのない、激流のような恋をする」（『朝日新聞』二〇〇九年一月一日）では、「恋」が

「激流」に喩えられている。「ゲキリュウ（激流）」のもっとも単純な語義理解は〈激しい流れ〉だろうから、「激流のような恋」は「激しい恋」とさほど変わらない表現だ。そうだとすると、あまり比喩が効いてない。そしてまた、いちゃもん風になるが、「駆け引きのない恋」はわかるが、「駆け引きのない、激流のような恋」となると、「駆け引きのない」と「激流」とが重ならない。ちょっと話したことをあれこれ分析されるのも「かなわんなあ」ということになるだろうが、比喩はうまく使わないと逆効果になることもある。

平成六（一九九四）年に公開された寅さんシリーズ第四十七作『男はつらいよ　拝啓車寅次郎様』で「寅さん」が甥の「満男」に「お前、まだ若いじゃないか。燃えるような恋をしろ。大声出して、のたうち回るような、恥ずかしくて死んじゃいたいような恋をするんだよ」と言う場面がある。「燃えるような恋」はひろく使われている表現のように思うが、恋の激烈さを比喩的に表現している。「コイ（恋）」のように、簡単には説明しにくい複雑な概念は、比喩を使えば、限定的に説明することができる場合がある。

再び「共感」をめぐって

本章を終えるにあたって、再度「共感」について考えておきたい。

小川未明（一八八二〜一九六一）といえば大正十（一九二一）年に『東京朝日新聞』に発表された「赤い蠟燭と人魚」などの童話作品がすぐに思い浮かぶだろうが、「日中戦争」の頃には内務省警保局や日本少国民文化協会などの国家機関に協力するようになっていった。昭和十四（一九三九）年九月に『報知新聞』に掲載された「日本的童話の提唱」の冒頭では次のように述べている。

> いま日本は、一面に戦い、一面に東亜建設の大業に着手しつつある。これは実に史上空前の非常時であるといわなければならぬ。それであるから、老若男女の別を問わず、各〻分に応じて奉公の誠をいたしつつある。
>
> すなわち国民こぞって、この大業に参加しつつある訳で、農村に、都会に、涙ぐましい彼等の努力を認めることが出来る。
>
> われら国民が、非常時に処する誠心誠意はかくの如くであるが、なおもっとはっきり

と、その行くべきところを明らかにし、指導するものは、何といっても今日の政治でなければならぬ。

政治及び経済のはっきりとした姿こそ、やがて、それが教育や芸術の上にも反映することによって、進むべきところを定めるのであろう。

されば、政治の目的、理想の確立なきところには、未だ真の児童教化運動も起こり得ない筈である。この故に、一日も早く国民としては、政治の革新性と、実行力に信頼したいのである。

（『定本小川未明童話全集』12、一九七七年、講談社、三五二頁）


そしてさらに次のように述べる。

思うに、多彩な東洋思想は、同じ感情と信仰の上に発達したものである。されば、東亜の子供達の心を固く結合するものは、これらの感情に根ざした、一つの美しい夢であり、また一つの輝かしい希望であるということが出来る。そして彼等がそれに対して持つ、同情と共感と理解こそは、心と心を結ぶ唯一の紐である。純粋な美しい芸術にのみこの力が存する。もっとも美しい芸術、それは童話ではないか？　人生の如何なる高い理想も、希望も、童話の世界では実現が可能であるのだ。唯作家が時代を深く認識して、新しい文化を建設する意欲に燃えなければならぬ。（同前、三五九〜三六〇頁）

右では「多彩な東洋思想」は「同じ感情と信仰の上に発達した」と述べられている。しかし「同じ」の内実は示されていない。「多彩」であるけれども、根は一つなのだとまず括ってしまっているようにみえる。そして子供を「東亜の子供達」と一つに括り、その「子供達の心」を「一つの美しい夢」「一つの輝かしい希望」が「固く結合する」という。「美しい夢」「輝かしい希望」の内実はやはり示されていない。その内実が示されていない「美しい夢」「輝かしい希望」に対して「東亜の子供達」は「同情と共感と理解」を持っており、それこそが「東亜の子供達」の「心と心を結ぶ」のだという。

「同じ夢・同じ希望」が「東亜の子供達の心を固く結合」している。「東亜の子供達」は「同じ夢・同じ希望」に「同情と共感と理解」を持つ。その「同情と共感と理解」が「東亜の子供達」の「心と心を結ぶ」。同じところをぐるぐると言説が循環し、そこに「同情」「共感」「理解」「美しい夢」「輝かしい希望」「美しい芸術」といった語、表現がちりばめられているように思う。「エコーチェンバー現象」ではないだろうか。

困難を乗りこえるためには、気持ちを一つにしなければならない。「共感」することが大事だ。「共感」することでお互いに勇気を与え合うことができる。「共感」が「同情と理解」とを支える。あなたとわたしは一つだ。わたしたちは「共感」することで心を一つにすることができる。こういう言説が身のまわりにないだろうか。

いろいろな文学作品などを電子化して集めてある「青空文庫」というサイトがある。「青空文庫」全体にも横断検索ができるようになっているので、大学の授業などでも使うことがある。この「青空文庫」に漢字列「共感」で検索をかけてみると、二一三件のヒットがあった（二〇二〇年二月二十二日検索）。誰の作品に何件ヒットがあるかもわかるようになっている。二一三件中八十一件が宮本百合子だった。宮本百合子は多くの作品が「青空文庫」に収められているから、そのせいであろう。収められている作品数が異なるので単純な比較はできない。しかし、夏目漱石などはかなりの作品が収められているが、「共感」でのヒットはないようだ。さて、太宰治が……十一件で二位だった。「うんうん」という感じがする。

——女性とは、所詮、ある窮極点に立てば、女性同士で抱きあって泣きたくなるものなのか。私は自身を不憫なものとは思わない。けれども、あの人の女房が急に不憫になって来た。

いたわり合わなければならぬ間柄ではなかろうか。まだ見ぬ相手の女房への共感やら、憐憫やら、同情やら、何やらが、ばたばた、大きい鳥の翼のように、私の胸を叩くのだ。私は窓を開け放ち、星空を眺めながら、五杯も六杯も葡萄酒を飲んだ。

（「女の決闘」青空文庫より）

自分は、どういうものか、女の身の上噺《ばなし》というものには、少しも興味を持てないたちで、それは女の語り方の下手なせいか、つまり、話の重点の置き方を間違っているせいなのか、とにかく、自分には、つねに、馬耳東風なのでありました。

侘びしい。

自分には、女の千万言の身の上噺よりも、その一言の呟《つぶや》きのほうに、共感をそそられるに違いないと期待していても、この世の中の女から、ついにいちども自分は、その言葉を聞いた事がないのを、奇怪とも不思議とも感じております。けれども、そのひとは、言葉で「侘びしい」とは言いませんでしたが、無言のひどい侘びしさを、からだの外郭に、一寸くらいの幅の気流みたいに持っていて、そのひとに寄り添うと、こちらのからだもその気流に包まれ、自分の持っている多少トゲトゲした陰鬱の気流と程よく溶け合

――い、「水底の岩に落ち附く枯葉」のように、わが身は、恐怖からも不安からも、離れる事が出来るのでした。

（「人間失格」青空文庫より）

「女の決闘」では「共感（やら、憐憫やら、同情やら、何やら）が」「ばたばた、大きい鳥の翼のように、私の胸を叩く」と表現している。「ばたばた、大きい鳥の翼のように」だから、はっきり具体的とまではいえないが、それでも「共感」が「大きい鳥の翼のように」「胸を叩く」というのだから、つかみどころのない「共感」ではない。

「人間失格」では「共感」が「そのひとに寄り添う」と（ほぼ）言い換えられているようにみえるが、そうすると「恐怖からも不安からも、離れる事が出来る」という。ここでは「共感」するとどうなるか、が表現されている。どういう「共感」なのか、「共感」するとどうなるかを表現することによって、「共感」はつかみどころのないものではなく、広い意味合いでの「具体」性を帯びてくる。それが大事ではないだろうか。

二〇一九年十月十二日に日本に上陸した台風第十九号は、関東、甲信越地方に大雨を降らせ、大きな被害をもたらした。この台風は「ハギビス」と名づけられていたが、後に日本においては「令和元年東日本台風」と名づけられた。気象庁は十月九日に「台風第十九号に早めの備えを！」という呼びかけをしたが、その中に「自分の命、大切な人の命を守るため、早めの対策をお願いします」という表現があった。気象庁の呼びかけの中で使われていたためか、その後ニュースなどの中でもこの「大切な人の命を守るため」という表現が繰り返し使われるようになった。もちろん「自分の命、大切な人の命を守るため」に早めに対応策を考えてください、という呼びかけの趣旨はわかる。強い台風の接近に対しての準備、対応は、命を守るということを含むこともわかる。しかし「大切な人の命を守るため」という呼びかけが何かしっくりこない。個人個人によって「大切な人」は異なるから、だから（抽象的に）括ったということだろう。それもわかる。しかし、台風に対しての備えはマンションのベランダに置いてある物を室内に入れるとか、水が入らないように土嚢を積むなど、きわめて具体的なものだ。その切迫した具体性と「大切な人」という抽象性とがしっくりこないということとなのかもしれない。「具体」と「抽象」とはある程度にしても「回路」によって結びつけられている必要がある。

最後に「かわりだね」を一つ。

――所で、僕はゴールトンの仮説《セオリー》を剽竊《ひょうせつ》して、それでレヴェズの心像を分析して見たのだ。

と云うのは、あの心理学者の名著「人間能力の考察《インクワイアリー・イントウ・ヒューマン・ファカルティ》」の中に現われている事だが、想像力の優れた人物になると、語《ことば》や数字に共感現象が起って、それに関聯した図式を、具体的な明瞭な形で頭の中へ泛《うか》べる場合があるのだ。例えば数字を云う場合に、時計の盤面が現われる事などもその一例だけれども、その最も強烈な表現と云えるものが、レヴェズの談話の中に現われたのだ。

（小栗虫太郎『【「新青年」版】黒死館殺人事件』二〇一七年、作品社、三二九頁）

「語や数字」に「共感」する人が……いるのですね。

第二部

感情・感覚の伝え方

読者はわかってくれない⁉

第一部においても、ところどころで、短歌作品を素材として表現を考えた。俳句や短歌は、五七五、五七五七七と、表現のために使う言語量を制限している。その制限の中で表現をし、「情報」を伝えることになる。俳句や短歌が何を「情報」として伝えようとしているのか、どういうことを「情報」として伝えられるのか、ということはいわば深遠な問いであるので、ここですぐにその問いに答えられるわけではない。

もしかすると、現代の俳句、短歌作者の中には「読者に何も伝えようとしていない」あるいはさらに「読者に何も伝わらないようにしている」という作者がいるかもしれない。

　水仙と盗聴、わたしが傾くとわたしを巡るわずかなる水　服部真里子

（『遠くの敵や硝子を』二〇一八年、書肆侃侃房、四十四頁）

作者である服部真里子（一九八七〜）は、「読者に何も伝えようとしていない」と述べているわけではないし、「読者に何も伝わらないようにしている」というわけではない。そうで

はなくて、「ひとりの人間の言葉は、その人の身体がさらされてきた言葉の歴史である。そして、すべての人間は別の身体に住んでいる。よって私たち——作者と読者は、そもそも言葉を共有することができないのだ。だとすれば、「読む」ことは、読者が作者の言葉を自らの言葉に置き換え、作品を再構築する作業に他ならない。読者が作品を読むとき、そこに現れるのは読者自身の言葉であり、世界である」（「「わかる」とは何か、「読む」とは何か」、『歌壇』二〇一五年六月号、本阿弥書店、六十九頁）と述べている。

あまり細かい論点にまで踏み込むと、本書の目的からそれてしまうので、話題を集約させたいが、服部真里子の時評のタイトルは右に示したように、「「わかる」とは何か、「読む」とは何か」であり、少なくとも後半の「「読む」とは何か」は本書の目的としっかりと重なり合っている。

服部真里子の時評はそもそも、歌人の小池光（一九四七〜）が、右に掲げた服部真里子の「水仙と盗聴」について「イメージが回収されていないのでキツネにつままれたようである」（「服部真里子「塩と契約」を読む」、『短歌』二〇一五年四月号、KADOKAWA、六十三頁）と述べたことに対してのいわば「反論」のようなものであった。その小池光に対しての服部真里子の「反論」、つまり右に掲げた服部真里子の言説について、大辻隆弘（一九六〇〜）は

「読みのアナーキズム」というタイトルの「歌壇時評」(『短歌』二〇一五年七月号)において、次のように述べた。

彼女(引用者補:服部真里子のこと)によれば、個人の言語は、個々の身体と同じように他者と共有することができない。したがって、作者個人の言語によって作られた歌は、異なった言語体系を持つ読者には理解不能である。それを敷衍すれば、同じ歌を読んだ読者Aと読者Bの間にも共通理解は成立しないということになるだろう。作者と読者は同じ理解に立てない。読者同士も同じ理解に立つことができない。とすれば、そこに現れるのは、いわば「読みのアナーキズム」というべき無政府状態である。各人は、他人と共有不能な言語体系のなかで歌を読んでいることになる。(一六七〜一六八頁)

言語を共有すること

言語は集団に共有されていることを前提としているが、集団全体に共有されているであろうことがらと、集団を構成している個人寄りに展開することがらがあると考えられている。「今日の科学的言語研究の基礎を築」(『広辞苑』第七版)いたとされるソシュール(一八五七〜一九一三)は前者を「langue《ラング》」、後者を「parole《パロール》」と名づけた。筆者は、「parole《パロール》」には言語使用者の個人的な「感覚・感情」が結びついているために共有されにくいのではないかと考えている。あるいは言語使用者の個人的な「感覚・感情」に裏打ちされ、共有されにくい言語態を「parole《パロール》」と呼ぶ、といってもよい。

それはそれとして、言語にはラング的な面とパロール的な面とがある、というのは言語学(日本語学)の共通認識といってよい。そのことからすれば、服部真里子が「個人の言語は、個々の身体と同じように他者と共有することができない」というのはパロール的言語についての謂いで、そんなことでは「無政府状態」になるという大辻隆弘の言説はラング的言語(のみ)を前提とした謂いということになる。つまりラング的言語面は集団全体でおよそ理解できるだろうし、パロール的言語面は集団全体が同じ理解にはならないと考えれば、服部真里子の言説も大辻隆弘の言説も共に成り立つことになる。

「書き手＝短歌作者」と「読み手＝短歌読者」とが作品について、すみからすみまで完全に同じ理解になることはほとんどないだろう。しかしだからといって、それを「無政府状態」

と歎く必要もない。そういうものなのだから。

「どうせわからないのだ」ということはたやすいし、そもそも「わかってもらいたいと思っていない」ということもたやすい。さらには「わざとわかりにくくしている」ということだってある。それらはまずはそれでいいだろうと思うが、「わかってもらいたいと思っていない」「わざとわかりにくくしている」というのはきわめて特殊な「コミュニケーション」であろう。つまり、他者とはコミュニケートしない、円滑なコミュニケートをわざわざ拒むという「コミュニケーション」である。そういうたとえがぴったりかどうかわからないが、声をかけてほしいが、わざとぶすっとしている、といったような人はいそうだ。

「書き手」と「読み手」とが「完全な共通理解」を得るということを最終目標にすると、それは最初から到達不可能な目標になるが、完全ではないにしても「共通理解」を得ようとする、あるいは完全な「共通理解」に近づこうとするということが「よむ」ということなのだ、と考えれば、「「読む」という行為は、作者の意図を探ることではなく、そうした「もうちょっとアクティブなもの」であっていいのではないか。「わからなさ」という空間を、読者は自分の世界として、もう少し自由に歩きまわってもいいように思える」（服部真里子、「「わかる」とは何か、「読む」とは何か」六十九頁）ということになるだろう。

筆者は、そのアクティブな「よみ」を反転させれば、紋切り型ではないアクティブな「書き」になると考えている。いきなりアクティブな「書き」と言われても、「どう書けばいいのやら」ということになりそうだ。だから、まずは「アクティブなよみ」すなわち「精読」することを試みて、こういう風に「情報」が言語化されているのだ、ということを自身で「体感」する。そしてそれに倣うというのが「反転」だ。

ここまででわかるように、文字化されたものが「わかる」ということについてだって、さまざまな考え方がある。ここでは、俳句・短歌といった、言語量に制限を設けている短詩型文学も何らかの「情報」を伝えようとしているということをまず前提としたい。

「情報」には「【ことがら】情報」と「【感情・感覚】情報」があるということについては第一部において繰り返し述べてきた。本書はそういう前提にたっているということでもある。「【ことがら】情報」には「【感情・感覚】情報」がつねにゼロであるということではない。「【ことがら】情報」にも「【感情・感覚】情報」が付随する。その付随の度合いもさまざまだろう。「【感情・感覚】情報」がつねに感情や感覚だけをぶつけてくるということでもないはずで、そこに何ほどかの「【ことがら】情報」が付帯していなければ、おそらく作者ではない「読み手」にはその「【感情・感覚】情報」をトレースすることができない。トレースすることができないということは「わからない」ということであるので、「何も受け止めることができない」ことになる。茂吉には「よくわからない」と評される作品が少なからずある。それについては後に改めてふれることにする。

斎藤茂吉小史

斎藤茂吉は明治十五（一八八二）年五月十四日に山形県南村山郡金瓶《かなかめ》（現在の上山《かみのやま》市）に守谷家の三男として生まれている。少年の頃から優秀であったため、当時浅草医院を営んでいた、親戚の斎藤紀一に見込まれて、上京する。茂吉が二十三歳の時に紀一の次女である輝子（十一歳）と結婚、婿養子となり、斎藤姓を名乗ることになる。その頃、正岡子規の『竹の里歌』を読み、作歌をするようになる。『竹の里歌』は茂吉を作歌へと導き、茂吉の短歌作品に（意識、無意識は別として）深くかかわる存在となった。

茂吉は「思出す事ども」という文章（雑誌『アララギ』大正八年七月号、十月号に掲載、後に単行本『童牛漫語』所収）において、次のように述べている。

旅順が陥ちたか、陥ちないかといふ人心の緊張し切つてゐた時である。僕は或る日、神田の石垣貸本屋から竹の里歌といふ薄い歌集を借りて来た。当時僕は和泉町で父がやつてゐた、病院の土蔵の二階に、がらくた荷物の間に三畳敷ぐらゐの空《あき》をつくつて其處に住んでゐた。窓ガラスには出征した兄の武運を、成田不動尊に祈念した紙札などが張つてあつた。そこの室に坐つて借りて来た歌集を読んでみた。巻頭から、甘い柿もある。渋い柿もある。『渋きぞうまき』といつた調子のものである。僕は嬉しくて溜らない。なほ読んで行くと、『木のもとに臥せる佛をうちかこみ象蛇どもの泣き居るところ』とか、『人皆の箱根伊香保と遊ぶ日を庵にこもりて蠅殺すわれは』などいふ歌に逢著する。僕は溜らなくなつて、帳面に写しはじめた。

それから神田の古本屋をあさつて、竹の里人のものを集め出した。子規随筆を買つたり、心の花をさがしたりしてゐると、『左千夫』といふ名がだんだん多くなつてくる。当時僕はそれを『さぢゆう』と読んでゐた。竹の里歌の『さちを』が『左千夫』と同じ人だと知つたのは余程後のことである。

（『齋藤茂吉全集』第五巻、一九七三年、岩波書店、二十七〜二十八頁）

いわゆる「旅順陥落」は明治三十八（一九〇五）年のことなので、その頃の思い出ということになる。「和泉町で父がやつてゐた」病院は紀一が経営していた神田和泉町の東都病院のことであろう。「甘い柿」は「柿の実のあまきもありぬ柿の実のしぶきもありぬしぶきぞうまき」で、『竹の里歌』の巻頭歌ではなく三首目である。何が「嬉しくて溜まらない」かということになるが、甘い柿もあるし、渋い柿もあるという、かまえない当たり前さ。それを「日常性」というような語に置き換えるのがふさわしいかどうかということもありそうだが、とにかくそういう、いわゆる「日常詠」で、それは日々接している（抽象的な意味合いにおける）「風景」を捉え、その「風景」に分け入るということであろう。

「左千夫」は伊藤左千夫で、茂吉は子規の後継者ともいえる伊藤左千夫の門人となる。明治四十一（一九〇八）年十月には雑誌『阿羅々木《アララギ》』（第二巻からは『アララギ』）が刊行される。明治四十年三月には、アララギ派と明星派との交流を目的として、森鷗外によって「観潮楼歌会」が開かれるようになる。茂吉は明治四十二年一月九日にこの歌会に出席するが、このことが、与謝野鉄幹、石川啄木、上田敏、佐佐木信綱、北原白秋、木下杢太郎らとの交流のきっかけとなる。

大正二（一九一三）年十月に刊行された第一歌集『赤光』（東雲堂書店）は、伊藤左千夫の死を知らされた「悲報来」という連作から始まっている。この翌年からいわゆる「第一次世界大戦」が始まる。

スペイン風邪

茂吉は大正六（一九一七）年には長崎医学専門学校教授兼県立長崎病院精神科部長に就任し、長崎におもむく。いわゆる「スペイン風邪」が一九一八年から世界的な流行となっていた。大正七年秋には日本でも感染者が出始め、最終的には二三八〇万人が感染し、三十八万八千人が死亡したとの指摘がある。長崎でもこの「スペイン風邪」が流行する。『あらたま』に続く第三歌集『つゆじも』（一九四六年、岩波書店）には「大正六年十二月、自分が長崎医学専門学校教授になつて赴任した時から、大正十年三月長崎を去るまでのあひだに、折に触れて作つた歌」（「『つゆじも』後記」）が収められている。

はやり風《かぜ》をおそれいましめてしぐれ来し浅夜《あさよ》の床に一人寝にけり
はやり風はげしくなりし長崎の夜寒《よさむ》をわが子外《と》に行かしめず

寒き雨まれまれに降りはやりかぜ衰《おとろ》へぬ長崎の年暮れむとす
はやりかぜ一年《ひととせ》おそれ過ぎ来しが吾は臥《こや》りて現《うつつ》ともなし
わが病やうやく癒えて心《こころ》に染《し》む朝の経よむ穉等《をさなら》のこゑ

(『齋藤茂吉全集』第一巻、一九七三年、岩波書店)

「はやり風を」の歌は大正七(一九一八)年十一月十一日に茂吉宅で開かれた「長崎歌会」において「夜」を題として詠まれたもので、「はやり風はげしくなりし」には「十一月なかば妻、茂太を伴ひて東京より来る。今夕二人と共に大浦長崎ホテルを訪ふ」という詞書きが附されている。こちらは十二月三十日の作品である。ホテルからの帰宅後に、茂吉は発熱し、寝込み、肺炎を併発する。妻輝子、茂太も罹患するが、病状は比較的軽く、すぐに恢復した。茂吉は二月十四日まで臥せっていた。

「はやりかぜ」は一月六日の作品であるが、この詞書きに「東京より弟西洋来る。妻・茂太等と共に大浦なる長崎ホテルにて晩餐を共にせりしが、予夜半より発熱、臥床をつづく」とある。

この原稿を書いているのが、二〇二〇年六月九日であるが、世界は「COVID-19」感染のまつただ中にあり、この時の「スペイン風邪」のこともしばしば話題になっている。奇縁というべきか。

長崎時代の作品に「停滞」を指摘する人もいるが、大正九（一九二〇）年四月から十一月にかけて、『アララギ』誌上において「短歌に於ける写生の説」を展開する。「実相に観入して自然・自己一元の生を写す。これが短歌上の写生である。ここの実相は、西洋語で云へば、例へば das Reale ぐらゐに取ればいい。現実の相などと砕いて云つてもいい。自然はロダンなどが生涯遜つてそして力強く云つたあの意味でもいい」という、よく引用される「実相観入」という表現がここにある。

「自然」と「自己」がひとつになる「視点」

この茂吉の言説については、いろいろな人がいろいろな解釈をしている。本書のテーマに即して、少し整理してみよう。「実相」はやはり「日々接している、抽象的な意味合いにおける風景」と深くかかわると思われる。「自然」と「自己」とはそもそも「一元」にはならない、という考え方は当然ある。しかし、茂吉の作品が、通常は一元化するはずのない、

「自然」と「自己」とがひとつになるという「視点」、あるいはこちらにいながら、あちらからもみる、というような融通無碍な動的視線、を感じさせることがある。茂吉が唱えたのは「短歌に於ける写生の説」であるが、それは結局、「抽象的な意味合いにおける風景」すなわち自己をも含んだ「世界」の捉え方に通じるのではないだろうか。ことばによって、「世界」と切り結ぶというと、かっこよすぎるかもしれないが、そうした心持ちは「ことばをみがく」こととつながる。ことばをみがくことで思考も研ぎ澄まされ、思考を整えることによって、ことばも整う。「紋切り型」の表現は「観入」ではない、そういうことではないだろうか。昭和四（一九三一）年には『短歌写生の説』（鉄塔書院）が出版される。

茂吉は大正十（一九二一）年十月から大正十三年までの間ヨーロッパに留学している。横浜港から出発して、シンガポール、インド、エジプト、地中海などを経て十二月にはドイツのベルリンに到着するが、その時の歌で『つゆじも』は終わる。大正十一年の一月には、茂吉はオーストリアのウイーン大学神経学研究所に入り、そこで研究を続ける。大正十二年七月にはウイーンを去って、ドイツのミュンヘンに行くが、ウイーンを去るまでの作品が第四歌集『遠遊』（一九四七年、岩波書店）に収められている。大正十四年一月に茂吉は東京に戻ってくるが、ミュンヘン時代の作品が第五歌集『遍歴』に収められている。

昭和に入ると、日本は次第に戦争へと駆り立てられていく。昭和七（一九三二）年にはいわゆる「五・一五事件」が起こり、昭和十二年には「日中戦争」が起こり、昭和十六年には「太平洋戦争」が始まる。第十二歌集『寒雲』には昭和十二年から昭和十四年十月までの作品が収められているが、戦争にかかわる作品が増えていく。「戦時」や災害時、災害後に、どのような作品をつくるか、ということは「書き手」にとって大きなことであろう。そしてまた、「読み手」はそれをどのように受け止めるかということを考える必要がある。

茂吉の作品ということでいえば、『赤光』『あらたま』に収められている作品の中にはよく知られている作品が多い。しかし、『つゆじも』『遠遊』『遍歴』などに収められている作品はあまり知られていないように思われる。これらの歌集に収められている作品は、茂吉が外の「世界」をどのように捉え、そこに「観入」していくか、ということを理解するきっかけにもなりそうで、機会があれば是非お読みいただきたいと思う。

第一章

斎藤茂吉の短歌をよむ

斎藤茂吉の『赤光』をよむ

斎藤茂吉の作品は中学校、高等学校の教科書で採りあげられることが少なくない。例えば、『現代の国語2』(二〇一九年二月二十五日四版、三省堂)は「短歌十首」という単元において、斎藤茂吉の「みちのくの母のいのちを一目《ひとめ》見ん一目みんとぞただにいそげる」を採りあげているし、『新編新しい国語2』(二〇一五年三月六日検定済、二〇一六年二月十日、東京書籍)は「短歌五首」という単元において、斎藤茂吉の「最上川の上空《じやうくう》にして残れるはいまだうつくしき虹の断片《だんぺん》」を採りあげている。これらはいずれも中学校の教科書だ。また、高等学校国語科用『精選現代文改訂版』（二〇一二年一月二十日、筑摩書房）においては、「詩歌」という単元で斎藤茂吉の第一歌集『赤光』（大正二年十月十五日、東雲堂書店、大正八年三月二十四日四版）の「死にたまふ母」という小題の連作五十九首から十八首を選んであげている。

連作「死にたまふ母」の作品は、よく知られていると思われるが、「死にたまふ母」に収められている作品のみが茂吉の作品ではない。茂吉は十七冊の歌集を刊行している。ここでは「よく知られている」作品に限定することなく斎藤茂吉の作品を採りあげ、その「よみ」を通して、「日本語表現」について考えていきたい。採りあげた作品には番号を附していく。『赤光』は全集の「初版　赤光」から引用した。

一　①鳳仙花城《しろ》あとに散り散りたまる夕《ゆふ》かたまけて忍び逢ひたれ　（『赤光』「屋上の石」）

鳳仙花といえば、その花よりも、弾けて種を遠くに飛ばす蒴果《さくか》がすぐに思い浮かぶが、ここでは「城《しろ》あと」に鳳仙花の散った花が固まっている箇所があるというのが上句の「情報」である。これは「【ことがら】情報」といってよい。

『赤光』には「鳳仙花」を使った作品が他にもある。

②たたかひは上海《しやんはい》に起り居《ゐ》たりけり鳳仙花紅《あか》く散りゐたりけり　（「七月二十三日」）
③鳳仙花かたまりて散るひるさがりつくづくとわれ帰りけるかも　（同前）

①は「鳳仙花城《しろ》あとに散り散りたまる」、②は「鳳仙花紅《あか》く散りゐたりけり」、③は「鳳仙花かたまりて散る」で、「鳳仙花の花が散ってかたまっている」という、共通する「表現」を形成していることがわかる。これを「固定表現」といってしまうと、ことがらをミスリードしそうであるが、そうではなくて、茂吉の脳裏にはそういう情景が刻まれていて、それが同じような言語表現となってアウトプットされる、ということであろう。③を考え併せると、①の時間帯は「ひるさがり」ということになる。だから「夕《ゆふ》かたまけて」と考えれば、話は合ってくる。

そのように①を「よむ」必要はないといえばない。しかし、茂吉のアウトプットを分析するのであれば、茂吉の脳裏に、「鳳仙花」がどのような具体的な情景とともにインプットされているか、どのようなイメージが「鳳仙花」から醸成されてインプットされているか、ということを探る必要がある。その緒を、作品を構成している語に求めるのはごく自然なことと考える。

あるいは、①・③では「鳳仙花」の花の色が詠み込まれていない。②のみ「紅《あか》く」と花の色が明示されている。それを②に特有なこととみるのであれば、上句「たたかひは上海《しやんはい》に起り居《ゐ》たりけり」と「紅《あか》く」とがかかわっていると②を「よむ」ことも可能になってくる。佐藤佐太郎は②について「上句と下句と別々のことをいっているが、この独特の形態は、説明を排して状態だけを投げ出すようにいって、言葉には説明しがたい感情・空気というものを表現しようとしているのである」（『茂吉秀歌上巻』一九七八年、岩波新書、三十三頁）と述べている。

大正二年は一九一三年であるので、②を「リアル」側で捉えれば、上海に起こっている戦いは、一九一一年に起こった、いわゆる辛亥革命の後の第二革命のことになる。小倉真理子はコレクション日本歌人選『斎藤茂吉』（二〇一一年、笠間書院）において、上句と下句の「二つを対峙《たいじ》させることによって、説明しがたい不穏な空気を醸し出していると認められる」「たりけり」という表現の繰り返しが、否応なく二つの事象の関連を強めていることも重要だ。このとき鳳仙花の紅色が際立ち、上海の騒乱での流血や死をも連想させる不吉な暗示となっていく」（五頁）と述べている。小倉真理子はさらに③について、「七月二十三日」の連作五首（次頁）をふまえて、③を「十日間夏休みをとった後出勤してみると、担当の患者が没していた」という直前に配置された作品と関連づけ、「鳳仙花が散ることが担当の患者の死の暗喩《あんゆ》に他ならなかったと気づかされる」（六頁）と述べる。さらに「「たたかひは…」の歌で鳳仙花が紅く散ることも最初から単なる嘱目（引用者補：嘱目とは目にふれたものを即興的に詩、歌に詠むこと）以上の意味が込められていたと考えるのは自然なことだ。（略）作者にとって、その日報道された不吉な事件の記憶とともに、受け持ちの狂人が亡くなったことを知った忌《い》まわしい日として忘れることのできない日付だったからだ」（七頁）と述べる。

見事な「よみ」と思う一方で、こうした「よみ」は「リアル一直線」に近いとも思う。またその「リアル一直線」の一方で、「自由な解釈」も行なわれている、と感じる。

連作の意図

ⓐめん雞《どり》ら砂あび居《ゐ》たれひつそりと剃刀研人《かみそりとぎ》は過ぎ行きにけり
ⓑ夏休日《なつやすみ》われももらひて十日《とをか》まり汗をながしてなまけてゐたり
ⓒたたかひは上海《しやんはい》に起り居《ゐ》たりけり鳳仙花紅《あか》く散りゐたりけり
ⓓ十日なまけけふ来て見れば受持の狂人《きやうじん》ひとり死に行きて居《ゐ》し

ⓔ鳳仙花かたまりて散るひるさがりつくづくとわれ帰りけるかも（七月作）

右に掲げたように、連作は並べられている。並べられることによって、句と句との「つながり」や「オーバーラップ」感をよみとろうとするのが「読者」だろう。それは「筋を通したい」という「心性」でもある。では、「剃刀研人《かみそりとぎ》」が「過ぎ行き」たのもこの「七月二十三日」だったのだろうか。ⓑとⓓとは「十日」という語によって「つながり」がいわば示されている。それによって読者はⓑとⓓとをつなげて理解しようとする。ⓒとⓔとにはともに「鳳仙花」という語が使われている。それを「つながり」とみるならば、ⓒとⓔとをつなげて理解してもいいことになる。しかし、小倉真理子は、ⓓとⓔともつながっているとみている。そしてⓐとのかかわりについては述べていない。これが「自由な解釈」だ。しかしまた、作品の「よみ」とはそういうものでもある。自身の「イメージ」などに重ね合わせて、わかるところを理解する。

筆者は「ひるさがりにかたまって散っている鳳仙花」という一つの「情景」が茂吉の脳裏にあるとみたい。それは、いろいろな場面で浮かぶ。ⓔは小倉真理子の「よみ」のように、ⓓとつながっているかもしれない。しかしまた、ⓔは、連作の最初の強い「イメージ」を喚起する作品と呼応するように、最後に置かれた静かな作品であるかもしれない。連作において、どのように作品を並べるかということについて作者が何も考えていないはずがない。ただし、連作すべてが関連しているわけでもない。例えば、斎藤茂吉の第十六歌集『白き山』（一九四九年、岩波書店）には「虹」という題の連作十七首が収められているが、その三首目が「最上川の上空《じやうくう》にして残れるはいまだうつくしき虹の断片《だんぺん》」で、十二首目が「軍閥《ぐんばつ》といふことさへも知らざりしわれを思へば涙しながる」で、両者を関連づけて「よむ」ことは難しいだろう（ともに『齋藤茂吉全集』第三巻、一九七三年、岩波書店）。

さて、ⓒの「鳳仙花」が「紅《あか》く」と具体化されているのは、「たたかひ」とおそらくかかわりがあるだろう。いつも「鳳仙花」は「紅」ではないと思う。後で詳述するが、塚本邦雄であれば、茂吉がそんな器用なことをするはずがない、と言うかもしれない。

また小倉真理子は北原白秋の歌集『桐の花』の「秋思五章」の中扉に「散る鳳仙花と人力車に「上海」とかかれた絵がある。この絵が茂吉の作歌にも何らかの影響を与えたと指摘されている」（コレクション日本歌人選、七頁脚注）と述べ、「秋思五章」に「鳳仙花」を詠み込んだ作品があることにもふれている。「秋思五章」の「秋のおとづれ」には「薄らかに紅く孱弱《かよわ》し鳳仙花人力《じんりき》車の輪にちるはいそがし」「鳳仙花うまれて啼ける犬ころの薄き皮膚より秋立ちにけり」(『白秋全歌集』I、一九九〇年、岩波書店、六十六頁)の二首が収められている。

しかし白秋の「鳳仙花」は「秋のおとづれ」を思わせる「鳳仙花」で、茂吉の「鳳仙花」は「七月二十三日」の「鳳仙花」であるということについてはどのように考えるのであろうか。そしてまた、もしも茂吉の「鳳仙花」が『桐の花』の中扉の絵に触発されたものであるとすれば、そもそも①や②が実景に基づいているものかどうか、ということになってくる。

情報の組み合わせ

大島史洋は『斎藤茂吉の百首』(二〇一六年、ふらんす堂)において、ⓐについて「ニワトリが砂浴びをしている光景と剃刀研ぎがひっそりと通り過ぎてゆく光景、この二つが対比されることによって、なんでもない日常のひとこまに不思議な空間が生じる。それが一首の魅力だろう」(二十五頁)と述べ、さらにⓒについて「これも上句と下句の対比によってちょっとした不吉感を出している」(同前)と述べる。

筆者は短詩型文学には「圧縮」と「飛躍」とがある、とこれまで述べてきた。できあがった作品を「よむ」ということからすれば、そうであるが、「書き手」からすれば、「圧縮」というよりも「情報の組み合わせ」とみることもできそうだ。「ことばをみがく」ということからすれば、どのような「情報」をどのように組み合わせるとよいか、ということになる。

さて、茂吉に関していえば、平野仁啓監修『赤光索引』（一九七三年、たいら書房）、長谷川孝士編『斎藤茂吉歌集［赤光・あらたま・暁紅］総索引』（一九八〇年、清文堂出版）があるが、結局十七冊の歌集のうちの三冊の索引があるにすぎない。「青空文庫」においても、まだ電子化されていない歌集は少なくない。斎藤茂吉の全歌集を統一的に電子化し、「鳳仙花」という語を斎藤茂吉が自身の作品中でどのように使ったか、ということが瞬時にしてわかるようにしておく必要があるのではないだろうか。こうした作業を（できれば公的な資金を使って）プロジェクト化してどんどん実現していってほしいものだとつくづく思う。斎藤茂吉を、作品を未来に伝えるべきすぐれた歌人と認めるのであれば、基礎的な情報を電子化しておくことは必須ではないか。

①の下句「夕《ゆふ》かたまけて忍び逢ひたれ」は〈夕方が待ち遠しくて（その夕方になって）忍び逢った〉ぐらいに理解すればよいだろうか。「カタマク」の語義は「季節や時が来るのが待たれる。心から待ち受ける気持になる。また、時が移ってある時期になる。ある時節が近づく」（『日本国語大辞典』第二版、二〇〇〇年、小学館）で、〈（ある季節や時を）待ち遠しく

思う〉という語義にすでに「感情」がこめられているといってよい。「ウレシイ（嬉）」「カナシイ（悲）」などの形容詞、「ヨロコブ（喜）」「イカル（怒）」などの動詞は感情表現に使われる。下句〈夕方が待ち遠しくて（その夕方になって）忍び逢った〉は全体としては「【ことがら】情報」であるが、「カタマク」という動詞を使うことで、そこに「感情」要素が加わっているとみることができるだろう。

「タレ」は助動詞「タリ」の已然形で、①は係助詞「コソ」が使われていないのに已然形で終わった、「コソ無し已然形終止」のかたちを採る。「コソ無し已然形終止」は、いわゆる「係結びの法則」が十全に行なわれなくなった室町期頃には連歌などで使われるようになっていた。古代語にも「コソ無し已然形終止」はなくはなかったが、逆接的なニュアンスをどこかに含んだ強調、といった表現性を有していたと思われる。茂吉がそうした「コソ無し已然形終止」表現を心得ていたかどうかはわからないが、単なる強調であれば、「忍び逢ったのだ！」、逆接的なニュアンスを含むのであれば、「忍び逢ったのだけれど……」ということになって、両者の表現は異なるといえば異なる。いまはあまり「コソ無し已然形終止」の表現性にはこだわらないことにすれば、〈忍び逢った〉とほぼ同じということになる。

実際、吉田漱『『赤光』全注釈』（一九九一年、短歌新聞社）（以下『全注釈』と略称する）は

「忍び逢ひたれ」の表現性にはまったく言及していない。塚本邦雄は『茂吉秀歌『赤光』百首』（一九七七年、文藝春秋）（以下『茂吉秀歌：赤光』と略称する）の中で「「忍び逢ひたれ」の不安な已然形切、「たり」で結ぶべき末句は、「こそ」を先立てもせず、さりとて「と」を従へもせず、已然形のままで夕闇に溶け滲む。人の名も言はず、その場所も時間も明示せず、事実の言葉尻を濁し、「ありのまま」の姿をも晦《くら》まし、茂吉はまこと本意《ほい》なくも、虚構擬《もど》きの相聞歌をものする他はなかつた」（三十七頁）と述べている。

さて、下句〈夕方が待ち遠しくて（その夕方になって）忍び逢った〉は「【ことがら】情報」ではあるが、そもそも「相聞歌」的な「内容」でありそうなこと、「カタマク」という語の語義に感情的な面が含まれていることを考え併せれば、「【感情】情報」が何ほどかは内包されている。

城跡に鳳仙花の花が散って溜まっていた＋夕方が待ち遠しくて忍び逢った

というかたちに上句と下句とを並べると、つながっていない。しかしこれが一首の短歌としてつくられていることを思うと、読者はつながっていると捉えたくなる。あるいはつながっていると捉えなければいけないと思う。そう思うと、上句と下句との「つながり」を探ることになる。

上句は具体的な風景の描写である。絵に描こうと思えば描ける。下句を「夕暮れ時に城跡で忍び逢っている二人」とまとめるならば、これも絵に描ける。結局、①は「具体＋具体」というかたちで、二つの「具体」が（いわば因果関係なしに）並べられている。もしも読者が、①全体に「ある種のまとまり」を感じるとすれば、その「まとまり」感は、上句の「具体」が喚起した「気分・イメージ」によって導き出されたものではないだろうか。「【感情情報】」、「気分・イメージ」を言語上具体化するのは難しい。それを遠くから助けているのが、下句にはかかわりのないようにみえる上句の「具体」ということになる。また「カタマケテ」という動詞が使われていることも上句の「気分・イメージ」を下句に反照させることにかかわっているように思われる。あるいは「カタマケテ」が上句の「気分・イメージ」を下句に呼び込んで、作品全体につながりをもたせたといってもよいかもしれない。

さて、そうであるならば、上句の「具体的な風景」のその「具体」が「イメージ」を伴って具体的に捉えられなければ、この作品ははっきりとした姿をあらわさない。「読み手」は上句がどの程度自身の「イメージ」に結びつくかによって、この作品の理解度、わかった度が変わることになる。そうなってくると鳳仙花ってどんな花？　ではすまなくなる。花の名前とそれがどんな花であるかということを読者も知っておく必要がある。

　上句の具体性は「読み手」を、この作品全体を具体的に捉えようという気持ちにさせる。それは具体性の持つ「力」といってよい。柴生田稔は『斎藤茂吉伝』（一九七九年、新潮社）において、①を「「おひろ」との再びの逢会を詠じたもの」（三二〇頁）と述べ、「城《しろ》あと」は「甲府城址より外に考へられないのである」（同前）と述べる。

　吉田漱は『全注釈』において、茂吉が「甲府に行っていたとすると、この城あとは甲府域《ママ》ということになる。ほかにこの沿線で城というと諏訪湖畔の高島城か松本城あたりになるが、松本城は天守閣（一六〇〇年頃建設）も残り、城あととはいえない。高島城ではなるほど城あとであったが、次の歌14（引用者補：「天そそる山のまほらに夕《ゆふ》よどむ光りのなかに抱きけるかも」）の趣きが出てこないだろう。甲府城は駅からすぐ見える石垣がそれで、平城であり、本丸はあったが、天守台は建てられたことがない」（十九頁）と述べている。「リアル一直線」の「よみ」だ。「城《しろ》あと」とあれば、具体的にどの城かを探る。

虚構的【ことがら】情報

塚本邦雄は『茂吉秀歌：赤光』において「茂吉が空想で鳳仙花を引張り出すやうな器用な真似をする歌人ではない」「茂吉のことだから、邸跡を城跡と創作するやうな器用な真似はすまい」と述べ、「であるなら、いつそのこと、意地になつて、可能性のある城全部をリスト・アップし、そのいづれに、七月末、鳳仙花が咲いてゐたかを調べればよからうではないか。尾花や鴨跖草《つきくさ》ではあるまいし、五つなら五つの城跡の全部に鳳仙花が咲いてゐたなどといふ事実は浮ぶはずがない」（三十六〜三十七頁）と述べている。塚本邦雄自身ならともかく、茂吉にはできないだろうという口吻に感じられもするが、それは筆者の憶測なので措くことにしよう。そうだとすれば、茂吉も低く見積もられたものだ。ここでは塚本邦雄までが（と敬愛をこめていっておくが）「リアル一直線」にみえる。

それはそれだけ上句の「具体」に力があるということだ。茂吉は上句に「強い具体」を置くことによって、下句の虚構的「【ことがら】情報」を虚構にみえないように一首を「アレンジ」したということはないだろうか。筆者は、下句から具体的なイメージがあまり感じられない。それは下句が虚構あるいは演出であるからではないかと憶測する。

虚構的「【ことがら】情報」は「抽象」ということではないけれども、具体的な裏付けがないという点においては「抽象」寄りといってもよいのではないか。「アレンジ」は「具体」と「抽象」をバランスよく配置することの謂いでもある。和歌は「自然」と「人事」とを組み合わせるのだといわれることがある。そう考えれば、右で確認してきたことは、伝統的な和歌において行なわれてきたことで、茂吉の作品で新しく試みられたことではないことになる。それはそれでいいが、「具体」が「抽象」に息吹を与えるということについて、それこそ具体的に知っておくことは大事だろう。

――④のど赤き玄鳥《つばくらめ》ふたつ屋梁《はり》にゐて足乳《たらち》ねの母は死にたまふなり(『赤光』「死にたまふ母」)

教科書などにも載せられることが多い、よく知られている作品だろう。塚本邦雄は『茂吉秀歌:赤光』において、「死にたまふ母」の「五十九首中一首をと迫られるなら、私はつひに玄鳥一首を選ぶかも知れない。大方の見る目も等しからう」(七十五頁)と述べる。

上句の歌意は「喉が赤いツバメが二羽梁にいる」ぐらいだろう。「タラチネノ」は「ハハ(母)」にかかる、いわゆる枕詞であるので、下句の歌意は「母が死になさるのである」ぐらいになる。吉田漱は『全注釈』において「図鑑、事典類によると燕の背面は光沢ある青黒色で、顔、のどにかけては栗色、つまりは茶色としてあるのが普通である」（六十三頁）と述べており、やはり「リアル解釈一直線」を貫いている。塚本邦雄は「首の羽毛の咽喉の部分を、単純に「赤き」と言ひ切つたのだらう。これも「写生」の要諦の一つであり、「ありのまま」なる現象も、それを見る人の目次第で、黒が赤にもその逆にも変り得ることを忘れてはなるまい」（『茂吉秀歌：赤光』七十五頁）と述べている。塚本邦雄は「燕の咽喉部は、外側から見る時、赤褐色の短毛に覆はれて」いると述べており、ツバメの「咽喉部」は赤くないとみているように思われる。いまはインターネットでツバメの画像を多数見ることが可能であるが、調べてみると、赤といえそうな色をしている場合もある。

それはそれとして、④では上句も下句も「【ことがら】情報」といってもよい。しかし、その「【ことがら】情報」は「筋＝論理」ではつながっていない。

佐藤佐太郎は『茂吉秀歌上巻』（一九七八年、岩波新書）において「悲歎の極限を歌って、「悲しい」というような主観語は一つもない。しかし「母は死にたまふなり」には、強い主観のひびきがある」（二十八頁）と述べる。

塚本邦雄は「梁の煤けた横木に造つた巣の外で、間なく暇なく鳴き交す雌雄の燕の、可憐にして無気味な生の営みと、除外例無き死に直面し、刻刻と滅びつつある母。この二者のあやふく、微妙なかかはりあひを、一瞬息詰めて眺めるのだ。「屋梁《はり》にゐて＝死にたまふなり」といふ情景設定と断定の二要素を繋ぐものは何もない」（『茂吉秀歌：赤光』七十六頁）と述べている。上句末の接続助詞「テ」は上句と下句とを文法的にはつないでいるのだろうが、その実何もつないでいないともいえよう。やはり「のど赤き玄鳥《つばくらめ》」が喚起する強い「イメージ」が下句に反照し、一首全体をまとめあげているとみるのがよさそうだ。「のど赤き玄鳥《つばくらめ》」が「死になさる母」に形を与えたというとおかしな表現になるが、上句と下句とはそうした関係にあるといえそうだ。

具体から抽象へ――写生から象徴へ

茂吉は『短歌写生の説』（内題は「短歌に於ける写生の説」）において「実際の作物に即して「写生」を考へると、愈々深く愈々むづかしくなつてくる。予がこれまで処々で書いた、まこと、ひたぶる、直《なお》し、自然、象徴、単純化、流露、などの実際的な活動は皆この「写生」から分派せらるるのである」「実相に観入するといふことは、写生の出発点であるが、このことがすでに如何に熱烈で勇猛で不退転で、そして如何に敬虔でつつましく諦徹でなければ出来ないものであるかを、自分の実行に即して考へたならば、写生の過程のどんなものかが分かつてくる筈である」(『齋藤茂吉全集』第九巻、一九七三年、岩波書店、八一六頁)と述べている。そして、正岡子規の作品を四首あげた上で、「是等は正岡子規の歌で、一読平淡な、写生の歌であるが、いかに鮮かに子規の生《せい》が写されてゐるか。そしていかに自然で、真実で、悪くどい叫喚と自然の故意の修正が無いか。其を静かに考へるがよい。そしたら写生の味も少しは分かつて来よう」(八一七頁)と述べている。正岡子規の作品は次の四首である。

ガラス戸の外に据ゑたる鳥籠のブリキの屋根に月映る見ゆ
小庇にかくれて月の見えざるを一目を見むとゐざれど見えず
照る月の位置かはりけむ鳥籠の屋根に映りし影なくなりぬ
ほととぎす鳴くに首あげガラス戸の外面を見ればよき月夜なり

右では「分派」という表現が採られているが、茂吉は「写生」から「象徴」への「回路」があるとみている。『赤光』に収められていて、「難解歌」(岡井隆、小池光、永田和宏『斎藤茂

述べている。

吉——その迷宮に遊ぶ」一九九八年、砂子屋書房、二六三頁）とされることがある「赤茄子の腐れてゐたるところより幾程《いくほど》もなき歩みなりけり」（「木の実」）をめぐって、茂吉は次のように述べている。

赤茄子は即ちトマト（蕃茄）で、私の少年のころ、長兄が東京からその種を取り寄せて栽培したが、そのころも矢張り赤茄子と云っていた。大正元年頃でもトマトと云った方が却って新鮮に聞こえるのであったが、一首の声調のうえから、赤茄子と云ったのであっただろう。これは東京の郊外で作った。この一首は、意味が分からぬ、曖昧である、誤魔化であるなどと批評せられたものであるが、それは批評家は、詩に常識的な合理性を要求するためであって、そういう人々は普通の人の日常平談の標準を以て用向を足そうとし、それに当嵌まらぬ歯痒さから、この歌を誤魔化などと云って除けるのであるが、この歌は、字面にあらわれただけのもので、決してその他のからくりは無いのである。トマトが赤く熟して捨てられて居る、これは現実で即ち写生である。作者はそれを目にとめ、そこを通って来たが、数歩にしてふと何かの写象が念頭をかすめたのであろう。その写象は何であっても、読者はそれを根掘り葉掘り追究するに及ばぬ底の境界である。恋心であっても、懺悔であってもかまわぬ境界である。併し結句に、『歩みなりけり』と詠歎しているのだから、その写象というものには一種の感動が附帯していることが分かる。その抒情詩的特色をば、こういう結句として表現せしめたものに相違ない。そういうのをも私は矢張り写生と云って居る。写生を突きすすめて行けば象徴の域に到達するという考は、その頃から既にあったことが分かる。この一首は今から顧てそんなに息張るほどのものではないが、兎も角記念として保存して置くのである。

（『作歌四十年』一九七一年、筑摩書房、十〜十一頁）

茂吉は「誤魔化」という語を使っているがそれはそれとする。『赤光』が出版されたのは大正二（一九一三）年、「木の実」に収められている作品がつくられたのが大正元年である。一方、『作歌四十年』はその「自序」によれば、昭和十九（一九四四）年にまとめられたものであるので、作品が成ってから一定の時間が経過してからの「自解」ということになり、「ふと何かの写象が念頭をかすめたのであろう」「こういう結句として表現せしめたものに相違ない」などはまるで他人事のようで、「決してその他のからくりは無いのである」も、実におおらか、拍子抜けがしそうな感じである。しかし、短歌が作品である以上、そういうこ

ともある。杓子定規にいえば、当該作品によって作者がどのようなことを読者に伝えようとしていたか、ということを読者は読み取る努力をする。しかし、作者がかけらも意図していないことを読者が読み取ることもある。それは「誤読」といえば「誤読」ということになるが、作者の手を離れた作品は読者のものであると考えれば、それは一つの「よみ」で、服部真里子が主張するように、そういうアクティブな「よみ」を試みることによって、読者の言語は磨かれていくといってよい。

吉川宏志は「無意識の〈我〉、自然につながる〈我〉」(『短歌研究』二〇一四年十一月号、短歌研究社)において、「この一首はさまざまな解釈があるけれども、腐れたトマトのどろりとした赤が、意識の中に残像となり、しばらくのあいだ歩いていた、という現象を詠んでいることは確かだろう。茂吉も、無意識的な自己の存在に気づいていたように思う」「意識下にある不可解な自己を、短歌で表現する模索は、たぶんこのころから始まっていたのではないか」(五十九頁)と述べている。

「不可解な自己」は自己なのか、そうでないものなのか、ということがありそうだが、「自己」の中に、「不可解な自己」があるのなら、それは「自己」が唯一無二のものではないということだろう。それを「状態」として捉えるならば、そういう(スタティックな)「状態」

であるということになる。しかし、それを「動き」として捉えるのであれば、「自己ではないものを、自己の中に包み込んでいく」（吉川宏志、同前、六十三頁）（ダイナミックな）「動き・運動」ということになる。自己の中に包み込み、取り込む「自己ではないもの」が時々刻々変わっていくのだとすれば、「動き・運動」は絶え間ないものとなり、包み込み、取り込んだ「自己」も時々刻々移り変わっていくことになる。

猫を「自己・私」に取り込む。桐の木を「自己・私」に取り込む。世界は「自己」と「自己以外」とに排他的に分かれているのだから、「自己以外」をすべて取り込めば、「自己・私」は世界とイコールの存在になる。しかし「自己」が「自己」である以上、そうはならない、と考えるしかないだろう。「自己・私＝世界」は結局は「自己」の消滅、消失になる。人間をやめるなら、それも「あり」かもしれない。しかし、やめないのだとすれば、そして話を短歌を含む詩的言語に戻せば、「自己・私＝世界」を言語化することはおそらく詩的言語がめざすところではない。「自己・私」が「自己以外」をどのように取り込むかということ、それを「読み手」が理解できるようなかたちで提示することが詩的言語のめざすところ、ではないだろうか。「読み手が理解できるようなかたち」は「リアルなかたち」と言い換えてもよいし、「読み手が持つイメージに訴えるようなかたち」と言い換えてもよいだろう。大事なのは「ダイナミックな動き・運動」だろう。

岡井隆と吉本隆明のよみ

岡井隆は『短歌の世界』（一九九五年、岩波新書）において「目に見えるものを〈写〉すことは、うまく〈写〉すことができれば、作者の感情だけでなく、作者の生活の一端や、作者の季節感や、その他さまざまの〈目に見えないもの〉を、間接に〈写〉すことに、結果として、なるのである」（一三三頁）と述べている。斎藤茂吉と岡井隆の「みかた」は驚くほど近い。

吉本隆明は前掲④と、後掲する⑤について、「これらの歌は、写実が象徴と稀にみる均衡を獲得した場合として、受取ることができる。肉親や近親を歌うとき茂吉は、いつも痛切で親密な色合いの優れた作品を生んでいる。この作品はその頂点といっていいものだ。／なぜこれらの歌で事実や情景を描くことが、象徴にまで凝縮された力を発揮しているのだろうか。ほんとうは茂吉自身に聞くより仕方がないのだが、強いていえば情景の物語化あるいは劇化が、過不足なく行われているからだとおもえる。危篤の状態にある母親のそばに夜、添寝しているとき、遠い田圃で鳴く蛙たちの声が、ほんとうに聴こえてきたのか。また昼間、母の死の床から、屋梁に巣づいた二羽のつばめの赤いのどの色が視えたのか。それは作者の体験にしか尋ねることはできない。しかもこれらの歌は、作者の体験にしか尋ねることができないような、奥深い要素から成立っている。わたしのひそかな勘案では、死にゆく母の床のそばで体験された、別々の情景の破片が、しだいに組合わされひとつに構成されてゆく過程が、かならずやあったような気がする」（『際限のない詩魂』二〇〇五年、思潮社、十六～十七頁）と述べ、「事実や情景を客観的に描写することが、同時に自己劇化をひとりでに進行させてゆく過程であるような表現力の世界である。茂吉はこの方法を、『赤光』のなかで、どこまでもつきつめていった。それはしだいに写実の歌を象徴の歌に転化してしまう過程であった。茂吉の歌は『赤光』の作品のもっとも優れたところで、子規や節（引用者補：長塚節のこと）や師である左千夫の写生歌の世界から、いちばん遠ざかっているようにみえる」（同前、十五頁）と述べている。右では「自己劇化」という表現が使われているが、そのことについては、ひとまずは別のことがらと考えておきたい。ここでは「事実や情景を描くことが、象徴にまで凝縮され」るという「みかた」に注目しておきたい。

岩田亨は『斎藤茂吉と佐藤佐太郎　二十世紀の抒情詩人』（二〇一三年、角川学芸出版）において、「写実と象徴は対立するものでも両極にあるものでもなく、写実から象徴へというベクトルに乗っているのだということである。もっとも塚本邦雄は茂吉の考えた象徴のはるか向こうに行ってしまったが、ベクトルの延長線上にあることに変わりはない」「ただひとつ言えるのは「事実を述べただけでは詩にならない」ということを自問自答しながら作歌を続ける、ということ。数式や化学反応式のように過程が目に見える形であらわれるものは、おそらくないだろう。茂吉が「写実と象徴の間の方向性」だけを示して、明言しなかったのはそれが理由だろう。論理の一貫性のなさなどではない」(一一四頁)と述べている。佐藤佐太郎は「一つの具象の中に普遍的な意味の感ぜられるとき、その具象は普遍的なものの象徴である。短歌の作品が一つの直観像として具象的なものでありながら、意味に充ちてゐる時その作品は象徴的である。それだから優秀な短歌はみな象徴的だといつてもよい。/象徴の語原が、元来一つのも(の)を二つに割つて作つた割符であるといふのは意味が深い。象徴に於いて、具体的な特殊なものと普遍的なものとは二つの対比されたものではなく、融合して一体となつてゐるのである。それだからこの二つの融合一体はかけがへのないもので、他の第三のものによつて置き換へられないのである」(『純粋短歌』一九五三年、宝文館、四十三〜四十四頁)と述べている。

結局、岡井隆、吉本隆明、岩田亨、佐藤佐太郎の述べていることは（細部は異なるとしても）ちかく、それは茂吉の考えていたこととも近いと思われる。徹底した「写生」は「象徴」へつながっていくし、「具体」描写は「抽象」への入口となる。これはそう思っておいてよいことであろう。「グタイ（具体）」と「チュウショウ（抽象）」は語義からすれば対義語であるが、表現ということからすれば、むしろ「回路」でつながっているといえよう。

---

⑤死に近き母に添寝《そひね》のしんしんと遠田《とほた》のかはづ天《てん》に聞《きこ》ゆる

⑥死に近き母が目《め》に寄《よ》りをだまきの花咲きたりといひにけるかな　（「死にたまふ母」）

⑤も⑥も「死に近き母」から一首が始まる。⑤ではその「死に近き母」に「遠田《とほた》のかはづ」（の鳴き声）が、⑥では「をだまきの花」が配されている。⑤は聴覚的な具体性、⑥は視覚的な具体性で、感覚器官で捉えた「具体性」が「死に近き母」に形を与えている。そのことからすると、いろいろな意味合いで「をだまきの花」がわかっていないと⑥はわかりにくいともいえよう。具体的には、まずはオダマキの花の色ということになるが、塚本邦雄は「白緑の葉と古代紫の花」（『茂吉秀歌：赤光』六十六頁）と述べている。葉はともかくとして

花の色はわかっていなければならない。『日本国語大辞典』第二版は「キンポウゲ科の多年草。古くから観賞用に栽培され、野生のものは知られていない。全体に粉白緑色を帯び、茎は直立して高さ二〇～四〇センチメートルになり、なめらか。葉は、長い柄のある掌状の三小葉に分かれて、互生する。初夏、枝の先端に碧紫色あるいは白色の花をつけ、下向きに咲く。いとくり。いとくりそう。むらさきおだまき。学名はAquilegia flabellata」と説明している。使用例には江戸時代の文献があげられており、「古くから」はそのくらい古くからということである。つまり、明治時代になって外国から持ち込まれた栽培種の花ではない、ということだ。塚本邦雄は「母は目で頷き、茂吉の言葉の彼方に、苧環の白緑の葉と古代紫の花の遠《をち》に、ひるがへる柿若葉、仄赤い楓《かへで》の花、萌黄《もえぎ》にけぶる桑畑を思ひ描いたであらう」(同前、六十六頁)と述べている。

『赤光』には「をだまき」を詠み込んだ作品が他にもある。

---

⑦山いづる太陽光《たいやうくわう》を拝みたりをだまきの花咲きつづきたり　(「死にたまふ母」)

⑧南蛮《なんばん》のをとこかなしと抱《いだ》かれしをだまきの花むらさきのよる　(「南蛮男」)

⑨をだまきの咲きし頃よりくれなゐにゆららに落つる太陽《ひ》こそ見にけれ　(「をさな妻」)

⑩馬屋《まや》のべにをだまきの花乏《とぼ》しらにをりをり馬が尾を振りにけり　（「折に触れ」）

オダマキはどんどん増えて群生しやすい。⑦・⑨は林間などに群生しているオダマキであろうか、「太陽」とともに詠み込まれている。⑥は庭に固まって咲いているオダマキであろう。ただ、⑦〜⑩の「をだまき」の背後に共通する個別的な「イメージ」があるようには感じられない。とすれば、⑥の「をだまき」にもことさらな意味があるのではなさそうだ。そういうことももちろんある。

さて、実際に茂吉の母親が亡くなったのは、五月二十三日。その頃の「みちのく」の自然の推移、そうしたものがふまえられているとすれば、そこまでを「よむ」必要がある。それが「パラフレーズ」だとすれば、次第にそうした敷衍は難しくなっていくだろう。そのうち、「をだまきの花」でなくても「アネモネの花」でもいいのではないか、と思う「読み手」が出現しないともいえない。筆者の父の命日も五月二十三日であるが、入院している順天堂医院に通いながら、こんなに緑美しい季節に旅立つのかと思った記憶がある。「をだまきの花」は「みちのく」の、ひろがりのある自然の一つであるが、それが「死に近き母」と対置している。「のど赤き玄鳥《つばくらめ》」「遠田のかはづ」「をだまきの花」といった「具体」の配置によって、母の死が具体的な形を与えられているように思われる。

⑪蚊帳のなかに蚊が二三疋《にさんびき》ゐるらしき此寂しさを告げやらましを
⑫かなしさは日光のもとダアリヤの紅色《くれなゐ》ふかくくろぐろと咲く
⑬ダアリヤは黒し笑ひて去りゆける狂人は終《つひ》にかへり見ずけり
⑭日のひかり斑《はだ》らに漏りてうら悲《がな》し山蚕は未《いま》だ小さかりけり

⑪の上句、〈蚊帳の中に蚊が二三疋いるらしい〉。自身は「寂しさ」を抱えている。その自身の「寂しさ」を告げてやりたいのに。「?」というような作品かもしれない。告げたいのは二三疋の蚊ではない。助動詞「マシ」は「反実仮想」などと呼ばれることもあるが、告げる相手がいるならば、告げたいのだが、その相手がいないということをあらわしていると思われる。それにしても、上句と下句との組み合わせはおもしろい。

⑫は「かなしさ」という感情語を使いながら、〈悲しさは、日光の下、黒々と咲いているダアリヤだ〉と組み合わせる。塚本邦雄は『茂吉秀歌:赤光』において、⑬について、「一聯十四首より成る「みなづき嵐」の掉尾の歌である。終りに掲げただけに、一読慄然たるも

のあり、独特の奇異な雰囲気と心理をさまざまな角度から捉へた、この群作のエッセンスが、殊にこの一首に漲つてゐる」（五十四頁）と述べている。そして⑫については「むしろ実感を薄め弱めてゐるとしか考へられない」（五十五頁）と述べる。それは⑫が「かなしさは〜だ」というあからさまな「説明形式」を採っているためであろう。⑬は〈黒ダアリヤ〉と〈ふりかえらずに笑って去ってゆく狂人〉の組み合わせということになる。⑭は上句〈日の光がまだらに漏れてきて悲しい〉、下句〈山蚕はまだ小さい〉という組み合わせになっている。

茂吉の「難解歌」

先に「赤茄子の腐れてゐたるところより幾程《いくほど》もなき歩みなりけり」が「難解歌」と評されることが多いことを述べた。第二部の冒頭ちかくでは、作品を「トレースすることができないということは「わからない」ということであるので、「何も受け止めることができないことになる」とも述べた。失敗を通して成功を学ぶということがあるように、「わからない表現」を通して「わかりやすい表現」を学ぶことがあってもよいだろう。「難解歌」と評されることが多い作品について少し考えてみよう。

まず、「【ことがら】情報」がきちんとトレースできていないために「難解」だと思われている作品を採りあげてみよう。

⑮親しかる心になりて此里《このさと》のまだ金《かね》つかぬ栗の実を買ふ　（『つゆじも』「古湯温泉」）
⑯橡《とち》の実《み》がすでに金《かね》つき落ちゐるを吾はよろこぶ一人《ひとり》来りて（『遠遊』「維也納歌稿其二」）

永田和宏は『斎藤茂吉――その迷宮に遊ぶ』の「5　茂吉のわかりにくさ」において、次のように述べている。


茂吉の歌のわかりにくさは色々あると思うんですが、単に言葉がわからないこともあります。この歌では「金つかぬ」がわかりません。要するに、「山里を歩いていて、栗の実を拾うと金がついていない」ということ。しかし、これはどういうことなんでしょうか。

なぜこの一首にこだわるかというと、実は、「金つかぬ」という言葉が、茂吉の歌の中で四回出てくるんですね。栗だったり、トチの実だったりします。
手帳に載っている歌はもう少しわかりやすい。

売りに来る栗はいまだ金つかず、それを買ふもあはれなり（大正九年九月二十六日）

つまり、「金にならない」ということでしょうか。しかし、茂吉が拾っているのはあまり高くならない栗の実ということでしょう。よくわかりません。（略）栗の実とかトチの実とかは、熟れてくるとキラキラと輝いてきますでしょう、ああいうことを「金がつく」というんでしょうか。なんということはないんですが、気になります。

（二八四〜二八五頁）

『日本国語大辞典』（小学館）の初版は一九七二年から刊行が始まっている。その第五巻の見出し「かね【鉄漿】」の「方言」として「①栗の実の熟すこと。青森県三戸郡「かねがついた」秋田県鹿角郡「かねをつける」」と記されており、さらに見出し「かねを付ける」の語義②に「栗の実や蚕豆（そらまめ）が成熟して黒くなる」と記されている。この「かねを付ける」は縮刷版第三巻（一九八〇年）にもそのまま継承されている。現時点では『日本国語大辞典』第二版第三巻（二〇〇一年）が出版されているが、記事は継承されている。『日本国語大辞典』の記述に従うならば、「カネ」は、茂吉は「金」によって文字化しているけれども、「カネ（鉄漿）」で、「黒くなる・黒光りしてくる」ということが「カネガック」ということになる。

「5　茂吉のわかりにくさ」のもとになった公開連続討議「ジャムセッション・イン・京都第五回」は一九九七年五月二十四日に行なわれている。この時点で、『日本国語大辞典』第二版は出版されていないが、初版も縮刷版も出版されている。したがって、永田和宏は、それらのいずれにもあたっていないのだろう。

それはそれとするが、ここで考えておきたいのは、茂吉は自身が使用する自然な日本語として、何も考えることなく、「金《かね》つかぬ」という表現を作品中で使ったのか。それともひろく使われている語ではない、すなわち「方言」であるとわかっていて作品中で使ったのか、ということだ。もしも後者であるならば、茂吉が作品に使った語の語義が（永田和宏のように、といっておくが）理解できない「読者」がいることがわかった上で使ったことになる。つまりそれは、作品全体が、ではないにしても「わからなくてもいい」という作歌態度であることになる。短歌作品が「難解」であるのは、読者のせいか、作者のせいか、という問いに置き換えてもよい。作者のせいであるならば、作者がしかけた「作者読者相互不理解」であることになる。

茂吉は大正八（一九一九）年に出版された『童馬漫語』の「16　歌ことば」において次のように述べている。

> 短歌の詞語に、古語とか死語とか近代語とかを云々するのは無用である。そんな暇あらば国語を勉強せよ。そして汝の内的流転に最も親しき直接なる国語をもつて表現せよ。必ずしも日本語のみとは謂はない。それ以外の一切は無意義である。吾等の短歌の詞語は必ずしも現代の口語ではない。それが吾等には真実にして直截である。
>
> （『齋藤茂吉全集』第九巻、一九七三年、岩波書店、三十頁）

いささか「ハイテンション」気味の言説にみえるが、それはそれとして、「古語とか死語とか近代語とかを云々するのは無用」「日本語のみとは謂はない」という言説は、茂吉の作品の「ポリフォニー（多声）」性と呼応する。もしかすると読者にはわからない語を使っているかもしれないことを承知して、あえて「夾雑物」のような語を入れる。しかしそれも一定の「バランス」を考えてのことであろう。「書きことば」をわかりやすくわかりやすくしていくと、「書きことば」がもっていた（「はなしことば」にはない）構造性が失われ、結局は「はなしことば」とあまり違わないものになっていくのではないか。そしてそれが現在の日本語の「書きことば」ではないかと思うことがある。

茂吉は日本語以外の言語をアルファベットで文字化したそのままのかたち、あるいはそれに振仮名を施したかたちで作品に織り込むことがある。例えば第四歌集『遠遊』（一九四七年、岩波書店）は、茂吉が「大正十一年一月維也納に著き」「滞在の折々に能ふ限り墺太利国内の旅行をし、引いて独逸、ハンガリー、伊太利の旅をもした」時の作品を収めている。

---

⑰ Droschke《ドロシユケ》といへるに乗りてわれ行けり石畳《いしだたみ》なる冬の夜のおと
⑱ 暖かき君の部屋にて時うつり食《しよく》にハンガリイの Paprika《パプリカ》を愛づ
⑲ Maitag《マイターク》の示威行進は雨のため中止となりしか警官等帰り来る
⑳ アルペンの雪解《ゆきげ》の水《みづ》のとどろきを „Keimfrei“ と注解をせり
㉑ Schneeberg《シユネエベルク》は即ち雪山《せつざん》の意味にしてふかき谿谷《けいこく》を幾つも持てる

―― ㉒ „An Ausländer wird keine Ware abgegeben.“ この貼《は》り紙《がみ》になまこを瞠《みは》る

⑰の「Droschke《ドロシユケ》」はタクシーのような辻馬車のことであろう。⑱の「Paprika《パプリカ》」は現在であれば、すぐにわかるが、大正十一年の頃であれば、どのようなものかすぐにはわからない人も多かったのではないだろうか。⑲の「Maitag《マイターク》」はメーデー。⑳の「Keimfrei」は〈無菌〉ぐらいか。㉑の「Schneeberg《シユネエベルク》」は作品の中で「雪山《せつざん》の意味」と説明されている。例えば、この作品では「Schneeberg」という語を使わなければ、「雪山には深い渓谷が幾つもある」という「内容」になってしまい、「それがどうした」となりかねない。「Schneeberg」という語を使っても「それがどうした」かもしれない。この作品では日本語でいえば「セツザン（雪山）」にあたる「Schneeberg」という外国語を使ったことが（おそらくは、といっておくが）眼目なのであり、そういうこともあると承知しておく必要がある。㉒「なまこ」は「まなこ」の誤植であろう。「An Ausländer wird keine Ware abgegeben」は〈外国人には品物を渡せません〉ぐらいか。

　また、おそらくは使用した時点では、ひろく使われているわけではない「カタカナ語」を使って作品をつくることもあった。「民族《みんぞく》のエミグラチオはいにしへも国のさかひをつひに越えにき」（『白桃』）や「行《おこな》ひのペルヴエルジヨを否定《ひてい》して彼女《かのぢよ》しづかに腰おろしたり」（『暁紅』）はそうした語を使った作品として知られている（ともに『齋藤茂吉全集』第二巻、一九七三年、岩波書店）。「エミグラチオ」は英語「emigration」にあたる語と考えられていて、〈移民・民族移動〉ぐらいの語義、「ペルヴエルジヨ」は〈性的倒錯〉ぐらいの語義だと考えられている。「彼女」は阿部定のことと考えられている。

茂吉の自己劇化

先に、吉本隆明の「事実や情景を客観的に描写することが、同時に自己劇化をひとりでに進行させてゆく過程であるような表現力の世界である。茂吉はこの方法を、『赤光』のなかで、どこまでもつきつめていった。それはしだいに写実の歌を象徴の歌に転化してしまう過程であった。茂吉の歌は『赤光』の作品のもっとも優れたところで、子規や節（引用者補：長塚節のこと）や師である左千夫の写生歌の世界から、いちばん遠ざかっているようにみえる」（『際限のない詩魂』十五頁）という言説についてふれた。

右の吉本隆明の言説は次の作品をあげた上で展開している。

酒の糟あぶりて室《むろ》に食《は》むこころ腎虚《じんきよ》のくすり尋ねゆくこころ
上野《うへの》なる動物園にかささぎは肉食ひゐたりくれなゐの肉を

吉本隆明は「これらの歌は、じぶんが把んでいる事実や情景を、じぶんで物語のように劇化している潜在的な力によって成立っていることがわかる」(同前、十三頁)、「何の変てつもない動物園の情景を記述しているだけにみえるが、何か謎めいた情緒の色合いを誰もが感ずることができる。それはこの一首が、背後に何かしら劇(ドラマ)があることを暗示させているからである。それが何であるかこの一首をぽつんとおかれただけでは、わからない。だが、かささぎが肉を喰べているという事実の歌から、何か悲しみが匿されているような気がしてくる。それは作者に事実を劇化する強い把握力が潜在しているからである。たんなる事実の光景が、何かの象徴のようにおもわれてくるのだ」(同前、十四頁)と述べている。

吉本隆明の「自己劇化」の「自己」は作者、より限定的にいえば茂吉で、茂吉の、「劇(ドラマ)」をつくりあげていく力のことを指していると思われる。それは茂吉自身のこととしていえば、「わがいのち芝居《しばゐ》に似ると云はれたり云ひたるをとこ肥りゐるかも」(『赤光』「みなづき嵐」)をめぐってこれまでも指摘されている。

茂吉は「伊藤左千夫先生が事ども」(『創作』一九一三年九月号)に「予が最終に先生に会つて予の歌を評して頂き予も先生の言論に服せずいろいろと言つた末に先生はいかにも憎々しい、面倒くさいといふ面持をせられて『齋藤君の歌には芝居気が多い。一体齋藤君は芝居気の多い人間だから』と云はれた。当時予等は先生と議論をしてゐた最中だつたからである」(『齋藤茂吉全集』第十一巻、一九七四年、岩波書店、三三三頁)と述べており、この言説をあてはめてよいならば、肥った男は伊藤左千夫ということになる。それはそれとして、この「芝居気」は先の「自己劇化」と通じる点があるように思われる。

劇的であるとはドラマティックであるということで、それが「読み手」の感情に訴えかけることがある。しかしそれが度を越えてしまうと、演出過剰ということになる。「具体」と「抽象」「象徴」の配置の妙はバランスを崩してしまえば、「わざとらしさ」にみえる。そしてまた、そうした「劇化」が作者をめぐって行なわれるとすると、場合によってはそれが「自意識の過剰さ」につながることになる。「自意識」の適正なコントロールは現代においても大事なことであろう。

中村稔は『斎藤茂吉私論』(一九八三年、朝日新聞社)において、『ともしび』から次の五首を掲げる。

焼あとにわれは立ちたり日は暮れていのりも絶えし空《むな》しさのはて
ゆふぐれはものの音《と》もなし焼けはててくろぐろと横《よこ》たはるむなしさ
かへりこし家にあかつきのちやぶ台《だい》に火焔《ほのほ》の香《か》する沢庵を食《は》む
家いでてわれは来《こ》しとき渋谷川《しぶやがは》に卵のからがながれ居にけり
うつしみは赤土道《はにみち》のべの霜ばしらくづるるを見てうらなげくなり

そして次のように述べる。

「かへりこし」はたんに「火焔の香する沢庵を食む」があればいいのであり、「家いでてわれは来しとき」は「渋谷川に卵のからがながれ居にけり」であってよいのであって、私の疑問は、「かへりこし家に」も「家いでてわれは来しとき」も不要な説明にすぎないのではないか、という点にある。「家いでて」についていえば、渋谷川に卵の殻が流れているのを見るのは、必ずしもまっすぐ自宅から行ったという情況下でなくても、どこかへの用事の帰途であってもいいわけだし、そもそも「家いでて」こなければ、渋谷川を臨むことはできないのだから、何故こんなきまりきったことをわずか三十一文字の短詩型の中で説明を加えなければならないのか、はなはだ理解しがたいと思ってきたのである。

これらの五首のいずれにも、読者の視野に斎藤茂吉その人が立ちあらわれて、あるいは夕暮の焼あとに立ち、渋谷川をのぞきこみ、路傍の霜柱に目をとめて、ひたすら悲歎にかきくれているのを見守るかの感がある。いわば、火難後という設定された舞台上で斎藤茂吉が演技しているのを、読者は一観客として見るかの如き感があるのである。いうまでもなく、私はこれらの作品において茂吉が悲歎を演技しているなどというつもりはない。ただ、三十一文字という短詩型の中からはみだすほどに斎藤茂吉という個性が自己主張し、舞台上から観客に語りかけるかのように、その悲歎をうたいあげ、読者をその悲歎にまきこむ、かの感があるのである。そして、こうした手法はたんに「焼あと」五首にみられるだけでなく、茂吉の生活をつうじて渝らぬ短歌作法の本質的な性格の一部をなしているのではないか。

(『斎藤茂吉私論』三十三頁)

茂吉の生涯をつうじその歌作を支えていたのは、自己の生をつうじて自然が自らあらわれる、という確信であった。茂吉の短歌に接して、私たちの視野に立ちあらわれるのは、あるいは嘆き、あるいは悲しみ、あるいは日常の些末に眼をとどめる作者である。そうした作者自身の心や肉体の動きは自ら自然の生のあらわれであることを、作者はつゆほども疑わなかった。そういう意味で、自我肥大症ともいうべき性向が茂吉には拭いがたく認められるであろう。彼にとっては、彼自身の劇は、自然が私たちに示す劇そのものであった。しかし、その反面、茂吉がたんに自我肥大症の患者であったなら、茂吉は抒情詩人ではない。茂吉は同時にそうした彼自身の内面の劇を、また行動の軌跡を、冷静に見とどける観客であり、作者であった。それは一方で彼自身を自然の一部と化することであり、他方で自然をみるように彼自身を凝視することであった。それは能動的であると同時に受動的な、自力的であると同時に他力的な作業であった。茂吉はその嘆き、悲しみ、あるいは日常の些末を短歌に造形するにあたって、その極限まで己れを空しくしなければならなかった。

（同前、四十八頁）

そしてまた次のようにも述べている。

『白き山』の時代についていえば、敗戦という現実は、私たちにとって、たんに悲しみ、歎き、悔恨ではなかった。たんに詠歎してすますことのできる事件ではなかった。私たちの存在の意味が問われた事件であったはずである。中国大陸における戦争にはじまる時期においてもそうであった。もっといえば、私たちは、社会的な関係、秩序の中におかれた存在として、日々私たちの存在の意義を問われている。しかし、斎藤茂吉という巨人は、彼自身を客体化し、詠歎したが、ついにその存在の意義を自ら問いかけることはしなかった。つねに感受性のレベルでしか社会に反応しなかった。

（同前、三二三〜三二四頁）

「自己」があって初めて「自己劇化」がある、と考えれば、それこそが「近代の短歌」であるとみることもできる。そして、その「自己」がやっとの思いで獲得した「自己」から自身で演出する「自己」に変わりつつあるとすれば、そうした「自己」からずっと線を延ばしていった先に「現代の自己」があるともいえよう。それはいちだんと自我が肥大した自己でありそうに感じる。「現代の自己」については、また「戦争」ということについては、本部の第三章で改めて考えてみたい。

第二章

茂吉と二人の歌人

書きことばと読み手

本書は「ことばをみがく」をタイトルとしている。「みがく」はもっとも直接的には自身が使う「ことばをみがく」ということだ。それは、「書く」ということをすぐに思わせる。つまり、「よりよく書くための本」ということだ。そうしたことはもちろん本書のテーマである。しかしまた、日常的な言語生活を考えた場合、「はなしことば」と「書きことば」とがある。

本書はもっぱら「書きことば」について話題にしているが、「書きことば」は「はなしことば」によって裏打ちされている面がある。だから「はなしことば」と「書きことば」とは無関係ではない。また現代の日本語においては、「書きことば」が「はなしことば」の影響を受けていると思われる面がある。こうしたことについては、次の第三章でふれたい。

「書きことば」が本書のメインテーマだと述べた。「書きことば」は「書き手が書き」「読み手が読む」。書く一方で一切読まない人はいないだろうし、読む一方で一切書かない人もいないだろう。「書き手」は「読み手」になり、「読み手」は「書き手」になる。今風にいえば、双方向的（interactive）だ。丁寧に書く人は丁寧に読む、といえるかどうかはわからないけれども、他の人の細かい点に気づく人は、自分でもそういう細かい点に気をつけるだろう。そう考えれば、やみくもに「丁寧に書きなさい」というよりは、「丁寧に読む」ということをまず身につけて、それをいわば「反転」させ、応用して、「丁寧に書く」ということにいかす、というのは有効な方法だろう。

「書きことば」には「器」という面が強い。だから「器に情報をどう盛り込みますか」という問いを使って「書きことば」のイメージをつくるのがよさそうだ。情報の盛り付けだ。「盛り付け」は料理で使う表現だ。このお皿だったら、こういう料理が引き立つだろう。逆に、こういう料理なら、こういうお皿がいい。料理がまずあって、それから「器」を考えるのが順序であろうが、時には、この伊万里のお皿にはこういう料理を盛り付けるとよさそうだ、ということもあるだろう。やはり双方向的だ。

日本語を盛り付ける「器」の一つに俳句・短歌といった短詩型文学という「器」がある。短詩型文学だから、言語量に制限がある。あえて制限しているといってもいいかもしれない。一定の言語量によって、表現をかたちづくる。俳句・短歌が何を読み手に伝えようとしているか、という問いにうまく答えるのは案外と難しいので、それは措くが、書き手には読み手に伝えたい何らかの「情報」がある、と考えておくことにしたい。

言語量に制限があるから、その「情報」をうまく「器」に盛り込まなければならない。本書では「情報」を便宜的に「【ことがら】情報」と「【感情・感覚】情報」とに分けて話を進めてきている。その二種類の「情報」が短歌という「器」にどう盛り込まれているかを、斎藤茂吉の作品を素材として考えたのが前章だ。

前章で、いろいろな盛り付け方があることがわかってきた。筆者は、「【感情・感覚】情報」をひとまとまりの文、文章の中にどのように盛り込むか、ということは大事だと考えている。「【感情・感覚】情報」は読み手に具体的に働きかける。同じような風景を見たことがある、同じような情景の中で同じような花を見たことがあると、その時の読み手の具体的な経験が具体的なイメージとともによみがえり、文、文章の理解を助ける。あるいは書き手が投げかけてきているイメージと自身が蓄積していたイメージが重なるといえばいいだろうか。そのことによって、読んでいる文、文章の細部までがよくわかる、ということがありそうだ。

本書では、「具体」と「抽象」ということについても述べてきた。抽象的な概念を具体的なことがらに即して考えるということもあるが、具体的なことがらがあって、それを抽象化するというのが一つの筋道であろう。「世界が平和であってほしい」という願いは、誰もがもっている。ほとんどすべての人がそう思っているとすれば、そうした意味合いにおいては、「抽象度」が高い。しかしそうではない現実を一方に置いた時に、どうやってそれを具体的に実現するのか、ということこそが問題となってくる。完全にそうでないにしても、ある程度実現するにはどうすればいいか、など問いもさまざまになる。「具体なき抽象」は無意味であるというつもりはないが、「具体」を視野にいれ、想定しながら「抽象」を考えることには意義がある。そういう考え方をすれば、「具体」に関して、いろいろな考え方があることもわかってくる。そこで「反論」もうまれる。先に、「反論」ができるようになっていることが大事だと述べた。そうなっていないと議論ができない。議論ができないと、どういう考え方がよさそうで、どういう考え方はそうでもないか、ということがわからない。自分の考えだけで何かを決めてしまうことの危うさは、十分にいろいろな考え方が吟味できていないところにある。

本書は「ことばをみがく」ことをテーマにしているが、人間は考えながらことばを使う。十分に考えないでことばを使うと失言をする。「失言」という語は、ことばの使い方を間違ったということを思わせるが、だいたいの「失言」は言い間違ったのではなく、十分に考えていなかったことに起因する。言い方がよくなかったのではなくて、よく考えていなかったために、不十分なことばがアウトプットされてしまったということだろう。

本章のここまでは、本書のここまでを軽く振り返っている。どのように考えるかということを述べているが、それが大事だ。文、文章を書き、読むためには一定のスキルが必要だ。それはたしかなことであるが、スキルをあげていくためには、同時に思考もみがく必要がある。

塚本邦雄と岡井隆

さて、本章では前衛歌人として寺山修司（一九三五〜一九八三）とともに知られている塚本邦雄（一九二〇～二〇〇五）と岡井隆（一九二八～）とを採りあげる。

前章でもふれたが、塚本邦雄は斎藤茂吉の作品を「よむ」ことにエネルギーを注ぎ、『茂吉秀歌『赤光』百首』（一九七七年）、『茂吉秀歌『あらたま』百首』（一九七八年）、『茂吉秀歌『つゆじも』『遠遊』『遍歴』『ともしび』『たかはら』『連山』『石泉』百首』（一九八一年）、『茂吉秀歌『白桃』『暁紅』『寒雲』『のぼり路』百首』（一九八五年）、『茂吉秀歌『霜』『小園』『白き山』『つきかげ』百首』（一九八七年）を文藝春秋から出版している。筆者はこのことをだいぶ前に知ったが、その時に「どうして塚本邦雄が？」とすぐに思った。表現を補えば、「どうして前衛歌人といわれる塚本邦雄が？」ということだ。その後のことだったと思うが、岡井隆も斎藤茂吉の作品を「よむ」ことに注力していることを知り、「岡井隆も！」と思った。それは筆者の個人的な驚きではあるが、やはり「どうして」という疑問をいくらかでも解消したいとずっと思っていた。この疑問には、おそらく「短歌における前衛とは何か」という問いが含まれているであろうし、その問いから「短歌における」をはずした、つまり一段と抽象化した「前衛とは何か」という問いも含まれているであろう。しかし、それはまた本書の目的からははずれてしまうので、そちらには踏み込まないことにする。

そもそも、自身の作品を自身が解説する「自註・自解」は興味深い。「ああ、そうだったのか」と「裏話」を知りたいということではなく、自身の手を離れた自身の作品を、作者がどう評価しているか、ということに興味がある。

その次には、例えば歌人が他の歌人の作品をどう「よむ」か、ということに興味がある。どういうところを気にしているかということが何となくにしてもわかると、「なるほど」と思う。例えば、吉野秀雄が木俣修の『高志《こし》』(一九四二年、墨水書房)の評をし、木俣修が自註を行なった『互評自註歌集　高志』(一九四九年、大日本雄弁会講談社)がある。互評は、木俣修は吉野秀雄『寒蟬集』(一九四七年、創元社)の評を行なって、それに吉野秀雄が自註を行なった『互評自註歌集　寒蟬集』(一九四九年、大日本雄弁会講談社)が出版されているからだ。

そういうこともあって、本章では、塚本邦雄と岡井隆が斎藤茂吉の作品をどう「よむ」かということを通して、短歌の表現、ひいては日本語の表現について考えてみたい。迂遠な「方法」にみえるかもしれないが、なんでもすぐに結果を求めがちな現代においては、遠回りはそれだけで尊いといえるかもしれない。

前章では斎藤茂吉の第一歌集『赤光』の作品をおもに採りあげたので、本章では、第二歌集『あらたま』(一九二一年)の作品をまず採りあげ、それを塚本邦雄、岡井隆とがどのように「よむ」かということを話題にしていきたい。

塚本邦雄のよみ

小高賢編『近代短歌の鑑賞77』（二〇〇二年、新書館）は「近代歌人七十七人の代表歌を収録した」（「はしがき」）ものであるが、大島史洋が斎藤茂吉を担当して、三十首を選んでいる。その中に『あらたま』の作品が五首含まれている。ちなみにいえば『赤光』からは十首が選ばれている。①は教科書などにも載せられているもので、多くの人に知られているだろう。『あらたま』では「一本道」という小題の連作八首の冒頭に置かれている。他の作品も並べてあげておく。

①あかあかと一本《いっぽん》の道《みち》とほりたりたまきはる我《わ》が命《いのち》なりけり
②かがやけるひとすぢの道遙《みちはる》けくてかうかうと風《かぜ》は吹《ふ》きゆきにけり
③野《の》のなかにかがやきて一本《いっぽん》の道《みち》は見《み》ゆここに命《いのち》をおとしかねつも
④はるばると一《ひと》すぢのみち見《み》はるかす我《われ》は女犯《にょぼん》をおもはざりけり

⑤我《われ》はこころ極《きは》まりて来《こ》し日《ひ》に照《て》りて一筋《ひとすぢ》みちのとほるは何《なに》ぞも
⑥こころむなしくここに来《きた》れりあはれあはれ土《つち》の窪《くぼみ》にくまなき光《ひかり》
⑦秋《あき》づける代々木《よよぎ》の原《はら》の日《ひ》のにほひ馬《うま》は遠《とほ》くもなりにけるかも
⑧かなしみて心和《こころな》ぎ来《こ》むえにしあり通《とほ》りすがひし農夫妻《のうふづま》はや

（「一本道」）

④の「女犯」は「僧侶が不淫戒を犯して女性と交合すること」（『日本国語大辞典』第二版）という語義の「ニョボン」という語を書いたものと思われるが、初版本では振仮名は「によほん」である。第二拍清音形が存在したか、あるいは誤植か。

さて①について、茂吉は『童馬漫語』において次のように述べている。

> 予の歌は秋の一日代々木の原で出来た歌である。左千夫先生追悼号の終の方に予は『秋の一日代々木の原を見わたすと、遠く遠く一本の道が見えてゐる。赤い太陽が団々として転がると一ぽん道を照りつけた。僕らはこの一ぽん道を歩まねばならぬ。』と記してゐる。このやうな心を出来るだけ単純に一本調子に直線的に端的に表現しようと思つたのである。
>
> （『齋藤茂吉全集』第九巻、岩波書店、七十九頁）

塚本邦雄は①について、次のように述べている。

怖ろしく抽象的で昂ぶつた歌なのに、一般享受者を魅するのは、単純明快で、適度に壮重な感じを持つてゐるからだらう。「あかあかと」と「たまきはる」が要《かなめ》だ。

（『茂吉秀歌『あらたま』百首』四十五頁）

そして右に掲げた茂吉の言説をあげた上で次のように述べる。

例によつて例のごとく、正直に過ぎるくらゐの呆気《あつけ》ない述志だ。この緊張した、灼熱の歌調の背後には何事やあると期待した人は、読み終つた途端に肩透かしを食つて興冷めすることだらう。西欧の印象派絵画との交感などと大層な評価をするのも、批評の一テクニックとしては面白からうが、どこかで作品そのものと摩《す》れ違ふ。むしろ童画の世界だ。童画でも、大正初年はいさ知らず、昭和も五十年を越えた末世では、これほど晴朗で強引で空虚な自己主張は稀少価値に属するだらう。それも結構だ。だが一つだけ引つかかる箇所がある。「僕らはこの一ぽん道を歩まねばならぬ」の一行、それも「僕ら」

である。一人称単数を遜称風に暈《ぼか》した「ら」ならどうと言ふこともないが「われわれ」を意味するのなら、気味が悪い。われ然り、他の人人も然るべし風の潜在的な唯我独尊調は、この秀歌の正体をいよいよさむざむとさせる。

三十一音律とは魔の詩型だと、この一首を誦し、解説や作者自注を読む度に、今更のやうに沁みて思はざるを得ない。代々木も、「僕ら」も、「ねばならぬ」もすべて純化され、昇華され、凜凜とうち響くかの、完璧に抽象化を遂げた幻の命の道が、短歌といふ「調べ」の中に生まれ、かつ生き、生き続けようとしてゐるのを知る。

（同前、四十五〜四十六頁）

そして③については次のように述べている。

先刻「一命をなげかけた状態」を意気揚揚と歌つた作者が、舌の根を乾かす暇もあらばこそ「命《いのち》をおとしかね」ると嘲《かこ》つ。言葉は重宝なものだ。短歌といふ詩型も寛大だ。作者の食言などに眉を顰《ひそ》めることもなく、拒絶反応も示さず、易易として従ひ、無表情に受け入れてくれる。首を傾げるのは一部の気むづかしい読者のみ、世はすべて事もなし

> のたぐひだ。私は必ずしも食言を咎めはしない。あの道こそわが命と高らかに宣言しつつ、一方では此処では死に切れぬと呟く。それでこそ人間であらう。それが茂吉の決意の真相であらう。「僕らはこの一ぽん道を歩まねばならぬ」などと、昭和十六年十二月八日の囈言《うはごと》めいたマニフェストを麗麗しく示されるよりも、俯きがちに「命《いのち》をおとしかねつも」と思ひ余つた一句半を吐き出してもらつた方が、よほど真実味がある。「命《いのち》なりけり」は虚勢であり背伸びであり、放言に近い信条吐露だつたとばかりは言へぬにしても、さうでも言ひ放ち、額を上げねばといふ悲痛な心境にあつたことは疑へぬ。
>
> 高揚した心が平静に戻り、「命《いのち》なりけり」がいかにそらぞらしく響かうと、歌の帝王茂吉の綸言《りんげん》も亦汗の如し、引つこめるわけにはゆくまい。そして今一つの真実を告げる「命《いのち》をおとしかねつも」に喝采する人は一人もゐないし、この一首のために「命《いのち》なりけり」を割引する人もいない。「一首」のみが独立して、人の口と呼ぶ怖ろしい次元を遊《ゆ》行《ぎやう》する例証ではあるまいか。
>
> （同前、四十七頁）

斎藤茂吉は『アララギ』（大正二年十一月）に掲載された「左千夫先生のこと」で、「恐らく先生は僕らの事を、まだまだ遠いとおもひながら死んで行かれたことだらう」と記している

（『齋藤茂吉全集』第五巻、一九七三年、岩波書店、四〜五頁）。この「僕ら」と、先に引用した『童馬漫語』の「僕らはこの一ぽん道を歩まねばならぬ」の「僕ら」が同じ使われ方をしているとしたら、塚本邦雄の解釈は変わる可能性がある。しかしそうだとしても、「気味が悪い」と述べたかもしれない。

塚本邦雄は「西欧の印象派絵画との交感などと大層な評価をするのも、批評の一テクニックとしては面白からうが、どこかで作品そのものと摩《す》れ違ふ」と述べているが、それは芥川龍之介の言説をふまえてのことであろう。

芥川龍之介のよみ

芥川龍之介は『女性改造』第三巻第三号（一九二四年三月一日発行）に掲載された「僻見」において、次のように述べている。あげられている作品には『あらたま』に従って、振仮名を施し、表記を整えた。

―― 近代の日本の文芸は横に西洋を模倣しながら、竪《たて》には日本の土に根ざした独自性の表現に志してゐる。苟《いやし》くも日本に生を享けた限り、斎藤茂吉も亦この例に洩れない。いや、茂吉はこの両面を最高度に具へた歌人である。正岡子規の「竹の里歌」に発した「アララギ」の伝統を知つてゐるものは、「アララギ」同人の一人たる茂吉の日本人気質をも疑はないであらう。茂吉は「吾等の脈管の中には、祖先の血がリズムを打つて流れてゐる。祖先が想《おもひ》に堪へずして吐露した詞語が、祖先の分身たる吾等に親しくないとは吾等にとつて虚偽である。おもふに汝にとつても虚偽であるに相違ない」と天下に呼号する日本人である。しかしさう云ふ日本人の中にも、時には如何にありありと万里の海彼《かいひ》にゐる先達たちの面影に立つて来ることであらう。

あかあかと一本《いつぽん》の道《みち》とほりたりたまきはる我《わ》が命《いのち》なりけり
かがやけるひとすぢの道遙《みちはる》けくてかうかうと風《かぜ》は吹《ふ》きゆきにけり
野《の》のなかにかがやきて一本《いつぽん》の道《みち》は見《み》ゆここに命《いのち》をおとしかねつも

ゴツホの太陽は幾たびか日本の画家のカンヴアスを照らした。しかし「一本道」の連作ほど、沈痛なる風景を照らしたことは必しも度たびはなかつたであらう。

かぜむかふ欅太樹《けやきふとき》の日《ひ》てり葉《は》の青《あお》きうづだちしまし見《み》て居《を》り
いちめんにふくらみ円《まろ》き粟畑《あははた》を潮《しほ》ふきあげし疾《はや》かぜとほる

あかあかと南瓜《かぼちゃ》ころがりゐたりけりむかうの道《みち》を農夫《のうふ》はかへる

これらの歌に対するのは宛然《さながら》後期印象派の展覧会の何かを見てゐるやうである。さう云へば人物画もない訳ではない。

狂人《きやうじん》のにほひただよふ長廊下《ながらうか》まなこみひらき我《われ》はあゆめる

すき透《とほ》り低《ひく》く燃《も》えたる浜《はま》の火《ひ》にはだか童子《どうじ》は潮《しほ》にぬれて来《く》

のみならずかう云ふ画を描いた画家自身の姿さへ写されてゐる。

ふゆ原《はら》に絵《ゑ》をかく男《をとこ》ひとり来《き》て動《うご》くけむりをかきはじめたり

幸福なる何人かの詩人たちは或は薔薇《ばら》を歌ふことに、或はダイナマイトを歌ふことに彼等の西洋を誇つてゐる。が、彼等の西洋を茂吉の西洋に比べて見るが好い。茂吉の西洋はをのづから深処に徹した美に充ちてゐる。これは彼等の西洋のやうに感受性ばかりの産物ではない。正直に自己をつきつめた、痛いたしい魂の産物である。僕は必ずしも上に挙げた歌を茂吉の生涯の絶唱とは云はぬ。しかしその中に磅礴《はうはく》する茂吉の心熱の凄じさを感ぜざるを得ないのは事実である。同時に又さう云ふ熔鉱炉の底に火花を放つた西洋を感ぜざるを得ないのも事実である。

僕は上にかう述べた。「近代の日本の文芸は横に西洋を模倣しながら、竪には日本の土に根ざした独自性の表現に志してゐる。」僕は又上にかう述べた。「茂吉はこの竪横の両面を最高度に具へた歌人である。」茂吉よりも秀歌の多い歌人も広い天下にはあることであらう。しかし「赤光」の作者のやうに、近代の日本の文芸に対する、――少くとも僕の命を托した同時代の日本の文芸に対する象徴的な地位に立つた歌人の一人もゐないことは確かである。歌人？――何も歌人に限つたことではない。二三の例外を除きさへすれば、あらゆる芸術の士の中にも、茂吉ほど時代を象徴したものは一人もゐなかつたと云はなければならぬ。これは単に大歌人たるよりも、もう少し壮大なる何ものかである。もう少し広い人生を震蕩《しんたう》するに足る何ものかである。僕の茂吉を好んだのも畢《ひつ》竟《きやう》この故ではなかつたのであらうか？

　あが母《はゝ》の吾《あ》を生《う》ましけむうらわかきかなしき力《ちから》おもはざらめや

菲才《ひさい》なる僕も時々は僕を生んだ母の力を、――近代の日本の「うらわかきかなしき力」を感じてゐる。僕の歌人たる斎藤茂吉に芸術上の導者を発見したのは少しも僕自身には偶然ではない。（『芥川龍之介全集』第十一巻、一九九六年、岩波書店、一九四～一九六頁）

右で龍之介はゴッホの名前をあげ、「後期印象派の展覧会の何かを見てゐるやうである」

と述べている。塚本邦雄はこれをふまえて発言していると覚しい。この「僻見」で龍之介は「僕の詩歌に対する眼は誰のお世話になつたのでもない。斎藤茂吉にあけて貰つたのである」「且又《かつまた》茂吉は詩歌に対する眼をあけてくれたばかりではない。あらゆる文芸上の形式美に対する眼をあける手伝ひもしてくれたのである」とも述べている。そのように、斎藤茂吉をいわば「買っている」龍之介だから、あるいは結局は読み手はそうなのか、そこはわからないとしかいいようがないが、龍之介は茂吉の作品について「正直に自己をつきつめた、痛いたしい魂の産物である」と述べ、「茂吉の心熱の凄じさを感ぜざるを得ない」と述べる。

よみの違いはなぜ生まれるか

中村稔は「『あらたま』には「何かしら悲劇的な要素」がある、とは寺田寅彦のよく知られた感想である。悲劇的な要素はおそらく『あらたま』に限らず、茂吉の生涯を通じる歌作の特徴であろう。このことはさらに考えてみたいと思うが、『あらたま』にかぎっていえば、幾重にも劇的な性格をあたえられた作品群から『あらたま』は成り立っている。そして、その中心をなす劇は、「あらそはず行かしめたまへ」という祈りに収斂していくほかない、ある愛のかたちであった。そこに私たちが『あらたま』から悲劇的なひびきを聞きとる、理由のひとつがある、と私には思われるのである」（『斎藤茂吉私論』一〇八～一〇九頁）と述べている。

つまり、歌集『あらたま』の作品（あるいは茂吉の作品全体）に、寺田寅彦は「悲劇的な要素」を感じ、龍之介は「自己をつきつめた、痛いたしい魂の産物である」と述べ、中村稔はそれに同調している。文学研究の進展によって、『あらたま』に収められている作品をつくった頃に茂吉個人がどのような状況であったかがつぶさにわかってきている。

例えば小倉真理子はコレクション日本歌人選『斎藤茂吉』において、「当時、作者は、愛人〝おひろ〟との離別、母の死、恩師左千夫の死、さらに、見守り続けてきた〝をさな妻〟への葛藤などが渦巻いていた。さらに、左千夫が急逝した後の雑誌「アララギ」の運営においては、財務的にも刊行の遅延という点からも深刻な問題を抱えていた。茂吉はこれらすべてを引き受け自身の道を歩もうとしていたのである。そこに、孤独で「悲痛な分子」が隠されているといっても過言ではあるまい」（三十三頁）と述べている。

そうした「個として状況」を作品に重ね合わせて作品を「よむ」。それは文学研究がめざす「よみ」であろうし、それに否やはない。しかしまた、それは作品に作者を濃厚に（といっておくが）重ね合わせる「よみ」であって、「リアル一直線」の「よみ」にちかくなる。①（前掲、二一〇頁）を言語表現に即してよめば、「実景なのか、それとも心のなかの風景なのか。「あかあか」と道を照らしている陽は、夕日なのか、それとも朝焼けなのか。謎はいくつも考えられそうだが、歌そのもののなかに、そのような謎に答えられる情報はいっさい含まれていない」（永田和宏『近代秀歌』二〇一三年、岩波新書、四十六頁）ということになる。まずはそういう、抽象度の高い作品だと捉えることも大事だ。

筆者は日本語を分析対象としているためか、個としての状況を作品に重ね合わせる「よみ」に完全に同調しにくい。語を選び、それを並べて短歌作品をつくるという営為があり、作品が作品である以上、「作られている」ということからは逃れられない。いや、逃れるというよりも、そもそも作られたものであることが起点ではないだろうか。「作られたもの」はつまりは、「虚構＝フィクション」ということだ。「『あらたま』は悲劇的なんだ」と括ってレッテルを貼った瞬間に、一つ一つの作品の持つ表現も「悲劇」という語に回収されてしまう。一つの歌集のテーマを考えるというのは、そういうことだろうから、それはそれでいい。「抽象」の練習と思えばよい。しかしまた「抽象」の対極にある「具体」をつぶさに観察する練習も必要だろう。

短歌作品に、その成立事情を説明する詞書きが附されることがある。それは作者の心覚えであるかもしれない。あるいはまた読者のための「サービス」であるかもしれない。しかし、詞書きが長大であることもない。詞書きが附されていない作品がむしろほとんどといってよい。そのことからすれば、短歌作品は、五七五七七そのままのかたちで、完成された文学作品としてアウトプットされていることになる。その完成された文学作品をそれそのままに「よむ」ことはむしろ当然のことといってよい。そのようによめるようになっていることがまず前提であろう。

「私詩」と〈事実〉

岡井隆は『遙かなる斎藤茂吉』（一九七九年、思潮社）において、茂吉の第三歌集『つゆじも』（一九四六年）に「洋行漫吟」と題してまとめられている作品の詞書きに「十一月三日。午前十二時門司出帆、藤井公平、奈良秀治、山口八九子三氏見送る」とあることについて「この三つの人名は何を意味しているか」（八十六頁）と疑問を投げかける。そして、「三つの人名は、以来五十数年たった今日から見ると、およそなじみのない名前で、氏素姓が知れない。この事情は、『つゆじも』という歌集が出版された昭和二十一年でも同じことであったろう。そうすると、此の三箇の人名の列挙は、茂吉個人のあくまで私的な備忘のたぐいと考えていい。そういう私的な備忘を、あえて人名についての注釈なしに列挙して、短歌と短歌とをむすぶ散文の中へ、挿入しているというのはつまり、〈俺だけが知ってりゃいいんで、おまえらは知らんでもいい。そういうプライベートなメモ。日記。その間にひっそりと書きつけたような歌のたぐいをあつめたのが、この「洋行漫吟」なのだ〉という、作者の構成意図を明らかにする処置であろう。／これを一言でいうと私詩性の宣明である」「私詩の最大のよりどころは、〈事実〉に依拠して嘘をまじえていない、と（読者に）錯覚させるところにある。もっとも、読者の側も、〈事実〉をふかく信じている場合が多く、錯覚すべく義務づけられているわけである。わたしどもの言語生活が、陰に陽に嘘によってセメントされているのは誰しも知っているところであり、ある意味で、まっさらの〈事実〉などというものは、どこにも在りはしないことも、周知の常識でありながら、一たんそれが、他人の体験——遠い世界の〈事実〉でありさえすれば、いかようにも〈事実〉の所在を、幻想出来るというのが、人間のたのしき長所なのであろう」（同前、八十七頁）と述べている。

ここにはまた〈事実〉とは何か、というきわめて現代的なテーマがあらわれてきている。

本書は「ことばをみがく」という書名のもとに、「言語表現」についてさまざまな「方法」によって考えてきているが、「情報」をどのように言語化するかということが「言語表現」であって、結局はおおもとの「情報」ということと無関係ではないのはいうまでもない。その「情報」は〈事実〉ということと当然のことながらかかわりを持つ。本書が脱線に次ぐ脱線、「環状彷徨（リングワンデルンク：Ringwanderung）」にみえるかもしれない。しかし、本書はスキルとしての「作文教室」をめざしているわけではなく、「ぐるぐるまわるがすべてつながる」ということと捉えていただければと思う。岡井隆は「人間のたのしき長所なのであろう」と、今風にいえば「前向きに」「嘘」を楽しむといった感じで「リアル一直線」をたしなめているように思われる。

しかし、だからとにかく作品をまず完成形とみる必要がある。これは短歌作品に限らず、あらゆる文、文章にもあてはまることだろう。そのためには、「具体」と「抽象」に留意し、「抽象」は「具体」に裏付けられていることが必要だ。

塚本邦雄の「よみ」に戻ろう。塚本邦雄は①を「怖ろしく抽象的で昂ぶつた」作品だと「よむ」。筆者も同感だ。あかあかと通っている一本の道は具体的な像を思い浮かべにくいし、下句「命《いのち》なりけり」も唐突といえば唐突に聞こえる。塚本邦雄はこの作品に「昂ぶり」を感じ、この作品を自解した茂吉の文章中の「僕ら」に反応する。短歌という「器」を超えた「呼びかけ」にみえるのだろう。このことは次章にもかかわる。

岡井隆のよみ

⑨はるかなる山べのかすみ真《ま》ぢかくに竹の林の黄《き》なるしづかさ

第六歌集『ともしび』に収められている作品である。この作品について岡井隆は『遥かなる斎藤茂吉』において次のように述べている。

遠近の風物のなかから、かすみと竹林をとり出して、叙べている歌である。「しづけさ」だけが、語意の上で、主観的な表現となっているが、それとて、強烈なものではない。「……かすみ、真ぢかくに……」の二・三句の溶接の具合にも、もとより、作者の感情の、技法への反映をみることはできる。けれども、素直にこれをよむならば、なんでもない、日本の春の景色をよみとるだけであろう。茂吉の自然詠には、のちにのべるように、変化する自然をとらえる独特の強いタッチが目立つのであるが、この作品は、いわばスタティックな描写という部類に入るであろう。

しかし、この一首を、わたしたちの茂吉理解の立場からよんでみると、大正十四年、帰国直後の作品だという状況が、強く干渉してくる。二年三箇月の欧州留学から帰って来た茂吉、帰国の途次、火災によって自分の病院や家屋が焼失したことを知っていた茂吉が、帰京途次における車中で見た風景であったということを、わたしたちは知っている。叙景は、なるほど、静的である。しかし、それを静かなもの、動かないもの、あらあらしくないものとしてとらえた茂吉の心底には、不安があり動きがあり、嵐があったわけである。同時に発表された作品、〈かへりこし日本のくにのたかむらもあかき鳥居もけふぞ身に沁む〉は、この間の心境を、あらわにしている。「はるかなる……」に先行するこの作品は、読者にとって、「はるかなる……」の静けさの底を展いてみせる鍵として作用する。

こうして、はじめはおだやかな叙景歌としてだけ見えていた一首は、作者の置かれていた状況によって強く修飾され、次いで、そのまわりにある連続作品によって幾重にも貫通されて、単なる叙景歌ではなくなってくる。こうした現象は、どうしておきるのであろうか。この点を明らかにしないでは、いわゆる自然詠という呼び名の徹底せざる所以をつきつめることはできないであろう。（十三〜十四頁）

茂吉が、早春の、竹の秋の、滋賀県あたりと推測される車中眺望の記憶から、「山べのかすみ」と「竹の林」を選び出したこと、この代表的日本風物の、典型性を自覚していたことは、ほとんどたしかであるといっていい。典型であるが故に、歌い方によっては、類型に堕するだろうことを知っていただろうことは、ほとんど、疑う余地がない。その危険をあえて犯してまで、この一首を作らないではおれなかったところに、この歌の茂吉における必然性があった。用意は、先ほど言った二句と三句の間の接続の仕方にあらわれている。そして、「黄なるしづけさ」に、より強くあらわれている。そうした用意によって、この一首は、かろうじて救われている。だが、この一首を表記として自立させているかにみえる、そうした技法上の特長も、この一首を円環的に自足したものとしているわけではない。一首の歌は、決して閉じられた円環をかたち作るものではない。歌に対する干渉因子として、わたしが先ほど挙げた、〈状況〉と〈連関作品群〉は、一首の歌がどうしても閉じ切れない部分を補足する形で、その一首にリンクされるわけである。

　そう考えてくると、この歌のなかの自然のしずかさも、風物選出の類型性も、この歌の表現としての弱点ではなくて、むしろ、状況によって補われることを予定した、必然の破れと見られるのである。

（十五～十六頁）


　短歌は限定された言語量＝「器」に「情報」を盛り込む。それが大前提であるが、その一方では、「自足」できない場合もある。それは「必然の破れ」であるという岡井隆の「みかた」は一つの「みかた」として納得できる。しかしまた、その「必然の破れ」を持ち出す前に、「書き手」は短歌という「器」に「情報」を過不足なく盛り込むために最後の最後まで表現を模索するべきであろうし、「読み手」はまずは「自足したもの」として「よむ」必要があるだろう。その上で、しかし「必然の破れ」もあるのだということであれば、それはそもそも言語がもっている「性質」であるとみることもできる。

　一つの文を幾つかの語によって構成する。Aという語を選ぶ時に、「書き手」はAを使うかBを使うか、場合によってはCを使うか迷う。最終的にはAを選択し、Aが文の構成要素として顕在化する。迷った末に選ばれなかったBやCは顕在化する可能性はあったものの、最終的には選択されず潜在化した。文を構成する一つ一つの語の背後には、原理的には潜在化した幾つかの語があることになる。そうした潜在化した語がみえれば、顕在化している文の「よみ」は変わることもある。みえていない語をみる、ということだ。言語表現を「よむ」ということはそういうことでもある。岡井隆はさらに次のように述べている。

車中の望見から、茂吉がみたものは、数限りない景相であったであろうが、その中から、二つの典型的事物がえらびとられていた。一・二句の十二音で「かすみ」が、三句以下の十九音で「竹の林」がとり出されてくるのであるが、「はるかなる」と「真ぢかくに」の二つの副詞句は、その位置を遠近に定めて、対句的構成をつよめている。そのため、いよいよ少ない音数でもって、「かすみ」と「竹の林」を叙べねばならない。これは、定型短詩の必然的な運命といっていい叙法である。いわゆる「単純化」という手法は、その結果として出てくるのであって、実は単純化ではなく、純化であり、典型化であり、象徴として事物を用いるのである。したがって、伝達機能としての言語は、ここでは、非常な隘路にさしかかっている。述べ伝える方法としては、きわめて不充分な説得性しかもっていない

（同前、十九頁）

「対句的構成」は、これとこれとが対になっているということを「読み手」にわかりやすく伝える。その結果として「書き手」がどのようなかたちで「情報」を提示しようとしているかが理解しやすくなる。第一部において「対句的表現」について述べたが、「対句的表現」はひろく有効であると考える。

右の言説では岡井隆は「(単)純化・典型化・象徴」を(イコールで結べるようなものとみているかどうかはなお不分明であるが)つながったものとしてみている。

⑨のような、一読しただけでは、春の叙景歌のようにもみえる作品が「はるかなる山べのかすみ」と「真ぢかくに竹の林の黄なるしづけさ」との二つの対「情報」の組み合わせであることをてがかりに、よみといていく。

—— ⑩むらさきの葡萄《ぶだう》のたねはとほき世のアナクレオンの咽《のど》を塞《ふさ》ぎき

第十二歌集『寒雲』(一九四〇年、古今書院)に収められている作品である。

岡井隆は『遥かなる斎藤茂吉』において、茂吉の「手帳」の昭和十四年一月十九日の日付のある箇所に「アナクレオン」について記されていることを指摘している。『齋藤茂吉全集』第二十八巻（一九七四年、岩波書店）に収められている「手帳四十五」には次のようにある。

○アナクレオン、○アナクレオンの咽喉に葡萄の核子（たね）塞まりて死す。○墓碑に「旅人よ、此像近く来らば、しばらく見よ、家にかへらば、「われテオスの聖人《ひじり》、ミユーズの書を飾りたる、最も優りし詩人の像を見たり」と」○Philosoph エピクロース、「吾等決して死にあふことなし。何となれば、我生ける間は勿論死来らず、死来る時は我既に在らざるなり」○アナクレオン曰ク「バックス我冬を花さかせ、ウエヌス我墓にまで舞踏し来らん」○アナクレオン、563 478 85 即ち八十五歳、晩年アテネノポリユクラテス(Polykrates) ノ宮廷詩人トナツタ。

そして「ぶだう」という連作中に⑩の句が収められていることを指摘する。岡井隆は「山の雪にひと夜寝《よ》たりき純全《またき》にも限《かぎり》ありてふことは悲しく」にもふれながら、「これらはブッキッシュって言えばブッキッシュですね、文献がいろんな形であって、それが刺激となって自分の中の何かを引き出して来ているということだと思います」（『遙かなる斎藤茂吉』一二六頁）と述べている。「ブッキッシュ」は一般的には「学問的で生硬であるさま」（『日本国語大辞典』第二版）と理解されているが、〈書物・文献に依存している面が強い〉というような意味合いであろうか。

塚本邦雄はこの句について次のように述べている。激賞といってもよいかもしれない。

> およそ茂吉全歌集総作品を通じて、最も典雅で、同時にロマン・ノワール風の乾いた残酷性をも持ち、墓碑銘のやうに簡潔で冷やかな一首である。生涯の作の十選を試みても、私は決して逃さないだらう。もつとも人によつて去り嫌ひの生ずるのも当然のことで、たとへば、『作歌四十年』にはみづから選び入れて注し、岩波文庫版『斎藤茂吉歌集』はさすがに「ぶだう」一聯からこの一首のみを採り、そして佐藤佐太郎『茂吉秀歌』は、これまたさすがに、この歌を採らなかつた。だからこそ名歌と言つてもよい。それほど一首の放つ光の及ぶ範囲、輝きを受けとめる分野は限定され、選ばれてゐる。
>
> （略）
>
> このアナクレオンの葡萄は、常識的な「写生」もしくは狭義リアリズムから、無限に遠い次元で生れ出た歌であるゆゑに美しい。侵しがたい完成度によつて聳え、玲瓏たる

幻像は人を酔はせ、一切の余剰を削除した文体は辛辣な響きを一首の外に伝へる。（略）この一首に、作者の好んで口にする背後の「事実」があるとしたら、彼がこの時「大きい麗しい葡萄を食」つたことだけである。この人なら確に、葡萄も食はずに作りはすまい。だが詩法は、制作の直接動機の裏づけ捜査を前提とはしないし、たとへ立証されたところで、いかなる効果も発しない。詩人は真冬章魚の足をかじりながらでも、葡萄の歌を「創る」ものだ。生れた作品の質は、事実の有無に絶対に左右されることはない。左右されるなら、作り手の才能が脆弱であることをもの語つてゐるに過ぎない。虚構・創作を作歌理念の冒瀆と、無意識に信じこんでゐるための、一種の脅迫観念が、このやうな大歌人の、代表的秀作を語る場合にもつきまとふとすれば、私は戦慄する前に憫笑を洩らさざるを得ない。（略）

イオニア派が何であるか、宮廷詩人の職能や生態は如何、その他、ギリシア古典詩について、更にはヘレニズムに関して、いささかなりとも興味と知識を持つ者と、然らざる者では、この一首に対する反応は大きく分れるだらう。作者が茂吉でなかつたら、読者を締め出すの、衒学の、独善のと、批難の集中攻撃を浴びかねまい。だが、興味はともあれ、知識など爪の垢ほども持たずとも、ここに見る固有名詞の特殊な響きは、葡萄と渾然たる味はひを醸し、しかも結句における「死」の間接表現、それも咽喉を塞ぐといふ具体性によつて、俄に鈍色の翳りを伴ひ、ただならぬ一首であることは察知できるだらう。

(『茂吉秀歌『白桃』『暁紅』『寒雲』『のぼり路』百首』二五〇〜二五二頁)

塚本邦雄にとっては、文字化され、アウトプットされた作品がすべてということで、だからこそ、「書き手」は表現をみがく必要があり、「読み手」はそれを余さず享受できることが望ましい。そして「余さず享受」した「読み手」は次に「書き手」になる。

大学のオープンキャンパスで受験生向けの「小論文対策講座」を何度か担当した。そこで、「小論文は受験生の正直な気持ちを書いて下さいと要求しているのではない」と話す。受験生は、あるいは受験生とともに聞いてくださっている保護者の方は、驚いたような顔をする。気持ちを書くのではなくて、「伝えたい情報」を書いてください、と説明する。その「伝えたい情報」は自分がつね日頃思っていることそのままでなくてもいい。思っていることと反対のことの方が書きやすいと思ったら、それを書いてもいい。「伝えたい情報」は虚構でもいいのだと伝える。「伝えたい情報」を自身以外の第三者にわかりやすく言語化できるかどうか、それが問われている。それと同じことだろう。

本章では、塚本邦雄、岡井隆が茂吉作品をどのように「よむ」か、ということを通して「ことばをみがく」ということを考えてみた。次章では、「災後の日本語」ということについて考えてみたい。

第三章

災後の日本語を考える

関東大震災後のことば

「サイゴ（災後）」という語がある。『日本国語大辞典』第二版は見出し「さいご［災後］」を次のように説明している。

さい‐ご【災後】『名』①災害が起こった後。災害後。＊米欧回覧実記（1877）〈久米邦武〉一・八「災後より已に四ケ月、逐次に屋を修め、已に完成せるもあれど」②特に、関東大震災以後をいう。震災後。＊女工哀史（1925）〈細井和喜蔵〉一一・三二「右多数工場の死傷者は災後未だ日浅き今日、其の数を知ることが出来ない」

「サイゴ（災後）」の語義はまずは「災害後」であったが、大正十二（一九二三）年に関東大震災が起こってからは、関東大震災の後、と限定して使われるようになった。総合雑誌『改造』第五巻第十号（大正十二（一九二三）年十月一日発行）は「大震災号」を謳う。「印刷納本」は九月二十日とあるので、九月一日から二十日間、十月一日までとしても一ヶ月でこの号が編輯されたことになる。次のような記事が並んでいる。

震災に就ての感想	倉田百三
地震に際せる感想	芥川龍之介
その日から翌朝まで	山本有三
震災随感	藤森成吉
九月一日・二日	宇野浩二
日録	室生犀星
燃える過去	野上弥生子

天災に非ず天譴と思へ	近松秋江
サーベル礼賛	佐藤春夫
模擬的文明の破壊	小川未明
眠から覚めよ	秋田雨雀
噂する本能	里見弴
災後雑観	菊池寛
雑感	武者小路実篤
備忘記	有島生馬
鎌倉震災日記	久米正雄

菊池寛の文章のタイトルに「災後」が含まれている。右のような文学者による記事の他にも多くの記事が載せられているが、その中に千葉亀雄「震災と文化的影響」というタイトルの記事がある。

大正十三（一九二四）年十月に金星堂から文芸雑誌『文藝時代』が出版される。その創刊号に横光利一の「頭ならびに腹」が掲載されるが、その表現や言語感覚に注目したジャーナリスト千葉亀雄は『世紀』十一月号誌上に「新感覚派の誕生」と題した評論を発表した。「新感覚派」は現在でも使われている用語であるが、千葉亀雄がその命名者といってよいだろう。「震災と文化的影響」の後半部分をあげてみよう。

文章の旧時代相

挙国一致と、軍隊謳歌と、経済第一が調子を合せて提唱される時代に、個人と社会の自由思想と創造性が、歩調をそろへて進んで行くのを期待するのは、始めからいささか無理であらうまたどうも無理なやうな気がする。そこで多くか少くかの意味で、反動思想がもりかへして来るかも知れない。また知れないと見る。

けれども私の言はうとするのはその事ではない。それとは別な事だ。つまり大震災を機軸として、わが国内の文章が、まるで明治三十年時代に復活した奇観を非難しようとするのである。先づ新聞に出る広告文を片つぱしから点検して行くと、一つ残らず文語と候文の復活である。中橋氏時代に口語の創造で、一代を清殺した文部省からが、岡野新文相のむづかしい訓令を始めとして、どの学校の広告も、みなおそろしく肩の張つた候文である。官庁その他の一切の公官書——たしか、今までは一番民衆的であつた筈の逓信省の公文すらも、今度は鹿つめらしい文語である。またその公官署から出した訓辞訓令の類の、文章の用語といつたら何といふ六づかしさか。まるで「書経」か。「文選」かでもさがさねば、今時は、普通の印刷所などにはとても無ささうな多画な文字が、軒並みに並ばつてあるのだからいやになる。あの分り易い時文を書く、俳人吏青嵐氏でさへも市の告文になると全く例の鬼面人を脅す式だ。一体この未曾有の大災害で、何事も手つとり早いことを骨頂として居る世の中に、誰に読ませようとて、諸官庁が揃ひも揃つて、あんなむづかしい四角文字の行列や虫ぼしをやらかしたものか、不親切も大概な話ではない。（略）

一国の言語が微妙な国民心理を支配する重要な要素であり、個人の生活を支配する重要な思想宣伝機であるといふ如きことは、改めて言ふにも及ぶまい。だから、本当に文化に輝やいた国民とは、最も多く、国語にせんさいな注意と感情を払ふ国民でなければならない。然るにいまあの広告文を見よ、公文書を読め、単に国語に対するわが現代国民の内心を標準として見れば、私は震災以後のわが印刷物において、そこに全く明治三十年代の文章国をさながらに発見することが出来る。随分と退歩した国民の文章頭ではあるまいか。恐らく先づ五十歳以上の老人からでなければかうした表現が現はれて来る筈はないからである。これで次代国民の教育などは全く恐れ入らざるを得ない。なあに咄嗟の場合だから止むを得ないといふ勿れ。凡そ匆卒の刹那ほど、その国民の、また個人の本性を明らかに暴露することが無いのだ。そこで私は改めて、国語調査会存立の意義を問ふものだ。悪いだらうか。

「中橋氏」は第三十三代文部大臣をつとめた中橋徳五郎、「岡野新文相」は第三十六代文部大臣をつとめた岡野敬次郎のこと、「俳人吏青嵐」は、第八代・十四代東京市長をつとめた永田秀次郎（一八七六〜一九四三）、俳名永田青嵐のこと。「鬼面人を脅す」は〈見せかけの威勢で人をおどすこと〉。「新感覚派」の文章の「新感覚」を感じとった千葉亀雄は、右の言説では、震災後の文章が「明治三十年時代」のような「肩の張った候文」や「鹿つめらしい文語」になっていることを感じとっている。

米川明彦『明治・大正・昭和の新語・流行語辞典』（二〇〇二年、三省堂）は、「一九二三年」の条において、奥野信太郎『随筆東京』（一九五一年、東和社）の「地震といふ一瞬の椿事で、一切の社会的な差別がはづされてみると人々は急に一種の謙譲なこころをもつて事にあたるといふふうであつたので、たとへば一流花街の名妓たちもそれぞれ葦簀《よしず》つぱりで、かひがひしくすいとん、しるこの類をつくつてみづから路傍の客に供し、誰しも会ひさへすれば合言葉のやうに『この際』といふ言葉をさしはさんで必ず平素の無音を謝したり、あるひはまた借金のいひわけをいつたりしたものであつた」という記事を紹介している。

そこに述べられているように、関東大震災後には「この際だから」という表現が流行したことが指摘されている。大正十三(一九二四)年の正月に売り出された「大正震災かるた」の「こ」の取り札は「此際といふ新熟語」であったことの指摘もある。『明治・大正・昭和の新語・流行語辞典』は「一九二三年」の条において「帝都復興」という語も掲げている。

一方では、威勢がよく昂ぶった「肩の張った候文」や「鹿つめらしい文語」が好んで使われ、その一方では「この際だから」というおおざっぱな捉えどころのない抽象度の高い語が何もかもをつつみこむように使われる。そこには「【感情・感覚】情報」を「具体」をもって表現するという姿勢はみられない。

日本語の「いま」はどうなっているのだろう、というのが日々の日本語に接しながら筆者がここしばらくずっと考えてきたことであり、それを遠くにおいて、災後の日本語を考えてみるというのが本章の目的だ。あるいは災後の日本語を手がかりにして、日本語の「いま」を考えるといってもよい。

関東大震災後の詩的言語

関東大震災後には次のような詞華集が刊行されている。

西條八十・水谷まさる等著『散文・詩集　噫東京』（一九二三年十一月十六日、交蘭社）
詩話会編『震災詩集　災禍の上に』（一九二三年十一月二十日、新潮社）
東京市編纂『帝都復興叢書第四輯　詩集　市民の歌へる』（一九二四年三月三十一日、帝都復興叢書刊行会）
アララギ発行所編『大正十二年　震災歌集　灰燼集』（一九二四年五月二十三日、古今書院）

いまここでは、『震災詩集　災禍の上に』を話題とする。筆者の所持しているものは、大正十三年一月十六日発行の第六版であるので、初版が発行された大正十二年十一月二十日から、二ヶ月弱の間に第六版に至っていることがわかる。

表紙見返しには「大正十二年九月一日の大震災を記念するため／現代詩人四十九家の作品を蒐めたる詩華集」と記されている。

「編纂後記」には「本詩集出版の計画と共に、詩壇八十余家に送つた寄稿依頼状は次ぎの如きものである」とあって、それに続いて「思ひがけない災厄の手に見舞はれて、吾々の首都は無惨な荒廃状態を現出するに至りました。御身辺に御障りはなかつたでせうか、御伺ひ申上げます。／さて誠に唐突ながら、この機会に於て小生等急遽協議の上、この吾々の上に落ちかゝつた未曾有の災害を永遠に記念するため、現代日本の諸詩人の主として震災に関する詩作を網羅した記念出版を試み、その収得を以て此度罹災せる詩人等への救恤の費に当てることを思ひ立ちました。何卒この企画に御賛同の上、貴稿御寄せ下さるよう偏へに御願ひ申上げます」とあり、「委員」として白鳥省吾、川路柳虹、百田宗治の名前が掲げられている。さらには「本詩集の収得印税を分割して送るべき罹災詩人諸氏に就ては目下極力調査中である、被害程度その他によつて比例を定め、適宜の方法に依つて速かに送達する考へである、何れその詳細は別に印刷物によつて寄稿家諸氏に報告する手筈になつてゐる」と述べられている。

右の言説には「吾々の首都」とあり「吾々の上に落ちかゝつた未曾有の災害」とあり、「吾々」を使って呼びかけがなされていることに注目しておきたい。「われわれ」については後に改めて述べたい。また「罹災せる詩人等への救恤」ということが謳われている。「キュウジュツ（救恤）」は「困窮者・罹災者などを救い恵むこと」（『広辞苑』第七版）で、そのことに反対する人はいないだろう。後に述べる、「回収する力のある強いことば」と重なる。

　小関和弘は「この趣意書の言うところは、「詩話会」が「永遠」を見通し、慈善行為を行なう、ある種超越的な立場に立つとの宣言としての性格を持つ。（略）この趣意書の文言は「罹災せる詩人等への救恤の費」を分配するさいに、「罹災」の程度を発起人（あるいはその周辺の関係者）が認定するということ、およびある人物が「詩人等」であるか否かも発起人が認定するということを含意したものとなっている。そして、一方では、罹災詩人の救恤という詩壇内における共同性を（ある種、共済組合的性格と呼べる）もち、もう一方では、「吾々の上に落ちかゝつた未曾有の災害」という「吾々」意識に明瞭な、詩壇をはるかに越えた規模の共同性を志向するというように、二種類の共同性への志向が「寄稿依頼」の骨格を形作っていたのである」（原田勝正・塩崎文雄編『東京・関東大震災前後』一九九七年、日本経済評論社、一六六頁）と述べる。

『震災詩集　災禍の上に』はアンソロジーである。そうであれば、右のように寄稿を呼びかける趣意書があり、それに賛同するかどうか、ということがある。賛同して寄稿した人々はおおげさにいえば「共同体」を形成することになる。そういう「共同体」の形成に、「キュウジュツ（救恤）」という、人々を「回収する力のある強いことば」が使われている。四つのアンソロジーの精密な分析は現代的な課題といってよいが、ここでそれを展開することはできないので、『震災詩集　災禍の上に』に収められている多田不二の作品を紹介しておこう。

焦土に立つ

瞼を閉ぢればありありと私の眼の中に浮ぶのは一月以前の東京である
あらゆる艶麗と虚栄に飾られた在りし頃の銀座附近である
数年のあひだ毎日通り馴れた繁華な市街の部分々々は
ほとんどまぎれもない元のまゝの姿で私の心象に映じる
だが、この現実を如何する
眼をひらけば、あまりに惨《むご》たらしい首都ではないか
赤茶けた汚らしい焦土におびただしく聳え立つ燃え壊れの高楼の残骸を

どうして同じしづかな心で眺められようか
わづかに目印された歯の抜けたやうな軒並の名書を一つ一つ拾ひ読みしながら
あまりに傷ましい惨禍の日の記憶に、私の胸はたえず脅かされる

炎に洗礼された東京
かつて私の極度に謳歌した東京
また反感をすら覚えさせた東京
昼の喧噪と夜の魅力に人の心を爛《ただら》かした魔の東京
おゝしかし私達は其のきらびやかな容色をもはや見失つてしまつたのだ
祖国第一の誇りでもあつた日本橋でさへ
その焼けこげた橋桁の下に
あまたの醜悪な死骸を数日間も白昼晒しつゞけて怪ませなかつた

東京は少くとも幾年か逆戻りした
そして誤つた文明の無用な衣裳を抜ぎ捨てた

私達はいづこからともなく
ゲーテの所謂「森へ帰れ」の声が眼覚めた同胞のうちに叫ばれるを聴いた
人間の力による革命の代りに
吾等の祖国は自然の力で革命を強ひられた
私はむしろこれを喜ぶ
教養のない暴民の泥靴に踏み蹂られるよりは
偉大な自然神の破壊により多くの信頼を賭ける

あゝ焼野に立てば
はかない文化は遠い日の戯画に過ぎない
都大路は今でも人を焼く臭ひにむせかへるやうだ
私の耳にはあの日の物凄い叫びがまだ残つてゐる
死に直面した人々のおどおど逃げ惑ふ様子がくりかへし〳〵眼の前をよぎる
時が一切を悪夢と化する日はいつなのか
真の文化の塔が私達の前に再建される日はいつなのか

東日本大震災後の詩的言語

『短歌』（二〇一三年三月号、角川学芸出版）は「東日本大震災から二年　いま、歌人が思うこと」という特集を組んでいる。篠弘、高野公彦、永田和宏、今野寿美、俵万智の文章が載せられている。永田和宏は「非決定性の揺らぎのなかで」というタイトルの文章の中で次のように述べている。少々長いが引用しておく。

今回の東日本大震災に際して、実際にそれを体験した人々は言うまでもなく、リアルタイムであの津波の圧倒的な映像を見せられた日本人で、衝撃を受けなかった人間は誰もいないだろう。誰もが言葉を失うものであった。私たちの価値観の一大転換をせまる大事件であることには、疑う余地はなかった。

新聞選歌の現場でも、地震および津波の体験、目撃という段階の歌には大きな迫力と個々人の感受の多様性が顕著に見られ、歌としての迫力があった。

ところが地震・津波が一段落し、人々の意識が原発・放射能の問題へとシフトしはじめたとき、歌が明らかに質的な変化を見せるという現場に立ち会うことになった。歌の多様性と現場性が希薄になり、歌の中心が価値観の表明へとシフトしはじめたのである。例えば原発の悪を、さまざまの視点から暴くというかたちの歌作りに、一様に変わっていった。

放射能汚染は言うまでもなく深刻な問題である。私たちの生活に直結する問題であり、避けて通ることのできない喫緊の課題でもあろう。立場としては私もできれば無くしたいと思う人間である。

しかし、歌において見たいものは、そして読みたいものは、あらかじめそこにある結論ではなかったはずだ。たとえ結論は同じでも、結論へいたるまでの精神の軌跡、その揺れの幅にこそ、詩としての歌の存在する意味があろう。

私自身がこの二年間で切実に感じてきたこと、それは「一つの価値観からものごとを見ることの危うさ」とでも言ったものであったのかも知れない。

私はこれまでくりかえし、「みんなが左を向いていたら、一度は右を」と言い続けてきた。それは学者としての存在理由でもあり、自負でもある。今でもその思いというか、自戒は変わらないが、いっぽうでそれが、実行することのいよいよ困難なテーマであることも、この二年間にいよいよ強く感じざるを得なかった。

私がもっとも嫌悪するのは、単一の価値観でものごとを判断し、結論を強要する感性のあり方である。国民の大多数が賛成しているから、あるいは反対しているからというロジックは、民主主義という原則のもとで最重要の決定機構であるかのように言われはするが、その大多数を支配しているロジック形成圧力の存在には常に注意を払っておかなければならないだろう。（略）

個人は本来、自己の意見を決定する局面においてかぎりなく臆病なものだと思う。常に非決定性の揺れ幅のうちを揺れ続けているのが、個人のまっとうな意思決定のあり方の実態でもあると私には思われる。

そして、その揺れの振幅の自覚と体覚にこそ、歌を作るときの基点があったはずなのである。

（一一二〜一一三頁）

キーワードをあげるようなかたちで整理してみよう。「感受の多様性」「歌の多様性と現場性」「価値観の表明」「結論へいたるまでの精神の軌跡、その揺れの幅」「一つ（単一）の価値観」「民主主義」「ロジック形成圧力」「非決定性の揺れ幅」あたりが右の言説のキーワードであろう。

一人一人は自身の言語生活の蓄積の中で、感受性をみがき育てていく。それぞれの言語生活はみな異なるのだから、それぞれの感受性が多様であることは当然のことといえるだろう。「放射能汚染」は避けなければならない。それはおそらくすべての人が思う、同じ「結論」であろう。しかし、その「同じ結論」に「いたるまでの精神の軌跡」は多様であろう。その「軌跡」「(その)揺れの幅」を話題にし、そこを注視することが一人一人を重視するということであるはずだ。短歌についての文章であったから、永田和宏は「その揺れの振幅の自覚と体覚にこそ、歌を作るときの基点があったはず」だと述べたが、ひろくいえば、「その揺れの振幅の自覚と体覚にこそ、個人としての基点があったはず」だ。

いろいろと討論した結果、満場一致で「世界は平和であってほしい」という結論を得ました。その結論に反対する人はいない。その結論側からいえば、そこには個人がいないといえるかもしれない。

山田航は「他者としての〈わたくし〉」(『短歌研究』二〇一四年十一月号)というタイトルの文章において、「枡野浩一が「あらすじ短歌」と呼んで批判の対象にしているものは、自分も歌の中の世界の登場人物であることを忘れて「理性的な客観視点」という幻想に甘えてしまった歌のことである。歌の中に〈わたくし〉が登場しなければ、〈わたくし〉の行為も思想も何一つ批判されることもなければ、傷つくこともない。だからつまらないのである。この文章（引用者補：「枡野浩一のかんたん短歌blog」二〇〇四年四月二十二日の文章のこと）でやり玉にあげられている新聞歌壇の投稿作も、新聞記事やニュースだけを見て感じたことだけを歌にした「安全圏からの言葉」となってしまいがちなものが多い」（六十九頁）と述べている。「同じ結論」は反対する者がいないという点において「安全圏」ということになる。同じ声だけが響く部屋も部屋の中は「安全圏」といえるだろう。

①わたつみの方を思ひて居たりしが暮れたる途《みち》に佇《たたず》みにけり　（『つゆじも』）

斎藤茂吉の右の作品をあげて大辻隆弘『近代短歌の範型』（二〇一五年、六花書林）は次のように述べている。

> 夕映えの紅が滲む海のありかを茫漠と想像する憧憬。その想像に心奪われて夕闇迫るまで、路上に立ちつくしていた忘我。そして、そんな自分の姿にはたと気づき自分の心の動きを顧みる自省。私たちはこの一首のなかに、茂吉の憧憬・忘我・自省といった内

面性を感じることができる。そんな複雑な内面を抱えながら「今」ここに立っている肉厚で彫りの深い人物像を感じ取ることができるのである。

この一首の場合、茂吉が立っている「今」はどこなのか。

結論から言えば、その時間の定点は、この歌の「けり」を発している時点、はっと我に返って「ああ」という嘆声を発した瞬間であるということになろう。（二七〇頁）

大辻隆弘は、さらに「ふと我に返り、茫然としていたことに気づ」いた時点が午後六時ちょうどであるとすれば、「茫然として我を忘れ」ていたのが、午後五時五十七分から五十九分、「海のありかを想像」していたのが午後五時三十分から五十六分、というように、それを具体的な時間軸に沿って説明する。

大辻隆弘は「茂吉を始めとした近代歌人たちは、万葉集由来の助詞や助動詞の機能を駆使しながら、このような客観的な時制を表現する精緻な技術を開発した」（二七三頁）と述べる。「精緻な技術を開発した」という表現は、意図的に、ということを思わせる。筆者としては、意図的に「精緻な技術を開発した」とまで言い切れるかどうかについては、自身の眼で確かめてみたいと思うが、いまそれについては措く。

「路上に立ちつくしていた」自分、「そんな自分の姿にはたと気づ」く自分、「自分」が何人もいることになる。その何人もいる「自分」を一つの短歌作品の中に詠み込む。ピカソに代表されるキュビスムは「物体を立方体・球体・円錐形・円筒形の基本的形態に分解し、それを点・線・面で幾何学的に再構成」(『広辞苑』第七版)して描くが、いろいろな角度から見た形象を一つの画面に収めたようにみえる。わざわざ、積極的に分解するか、自然に分裂しているか、というような違いはあるかもしれないが、「一つではない自己」すなわち「複数存在する自己」を捉え、作品にまとめあげているといってよい。中村稔は「斎藤茂吉は人並はずれて振幅ゆたかな感受性をもっていた。彼が感じたものを表現しきることのできる天分と、そうした天分を育てあげるために孜々と努力して倦まぬ兵士のような資質をもっていた。さらに、そういう自己をつきはなして客体化することをおそれぬ複眼の持主であった」(『斎藤茂吉私論』三二三頁)と述べている。

「文語短歌」「口語短歌」という表現を使うと、一首すべてが(いわゆる、といっておくが)文語でつくられている作品、一首すべてが口語でつくられている作品を思わせる。「文語」「口語」は動詞や助詞、助動詞についての謂いと思いがちであるが、(極端にいえば)、『万葉集』以来変わらず使ってきているように感じる「ヤマ（山）」や「オカ（岡）」といった名詞であっても、その周辺にある語が変われば、語義も（微妙にしても）異なると考えるしかない。茂吉のように、積極的に『万葉集』で使われた語（で、かつ茂吉の頃には使われていなかった語）を使えば、一首を構成する語は（そう表現するならば）統一的な「言語態」ではないことになる。茂吉が意識的に、積極的にそういう「言語態」を使って作品をつくりあげていたことはおそらくいえるだろう。筆者はそれを「ポリフォニー（多声）的」という概念で捉えたい。

本章の末尾で「強いことば」について改めて述べる。「強いことば」を、例えば一つ使うことで、言説全体をそこに回収してしまうような文、文章、あるいは「強いことば」をまず置くことによって、すべてをそこから見下ろしてしまうような文、文章は丁寧な文、文章とはいえないであろう。しかしまた、「強いことば」はどこも悪くないことが多く、「読み手」はたやすくそこに回収されてしまうともいえよう。「強いことば」は「共感を求めることば」であることもある。ただし、「強いことば」もあれば（そういうものがあるかどうかわからないけれども）「弱いことば」もある。

柳父章は『翻訳とはなにか』（一九七六年、法政大学出版局）において、「翻訳語は、私たちにとって、新しいことばである。とくに翻訳のために新しく造られたことばは、不意に目の前に現われたカセットのようである。このようなことばに特有の現象や機能や効果などを、ひっくるめて、私は「カセット効果」と呼ぶことにしよう」（二十五頁）、「ことばは、もともと「カセット」のようなものだ、と私は考える。「カセット」とは、case、つまり箱の小さなもので、フランス語で言う cassette であり、宝石箱という意味で使われる。テープ・レコーダーで使うカセット・テープも、同じ意味から出ている」（二十四頁）と述べている。田中ゆかりが『「方言コスプレ」の時代――ニセ関西弁から龍馬語まで』（二〇一一年、岩波書店）で提示した、「方言コスプレ」もある。したがって、「強いことば」の使用がわるい、と述べようとしているわけではない。そうやって、さまざまな語を使うことで言語表現は成り立ってきているというのが筆者の「多声的《ポリフォニー》言語観」といってもよい。

日本語を「古代語」「近代語」に分けて捉えるのは、いわば常套である。しかし、右のように考えると、厳密にいえば、いまここで使っている「ヤマ」という語は『万葉集』の、すなわち古代語としての「ヤマ」であるのか、そこからは離れた現代日本語、すなわち近代語としての「ヤマ」であるかを一々反省的に捉えなければならなくなる。それがきわめて不自然であることはいうまでもなく、そうであれば、過去から現在に至るまで、必然的に「多声的な日本語」があったとみるのも一つの「みかた」であることになる。

①に関していえば、第五句「佇《たたず》みにけり」の「ケリ」が効いている。気づきの助動詞などと呼ばれる「ケリ」は〈それまで気づかなかったことに気づくことを表わす〉のであって、少なくとも「気づいていなかった時」と「気づいた時」とを分ける。「ケリ」を使うことによって、作品の中に、少なくとも二つの「時間」を持ち込むことができ、そこに主体を結びつけるならば、二つの主体があることになる。

いわゆる「文語」で使われていた助動詞すべてが「口語」に受け継がれているのではない。助動詞に限っていえば、「口語」寄りに助動詞を使用すれば、「文語」で表現できた(という表現を使っておくが)ことが表現できなくなるということはある。そうであるとして、そして現代短歌が「口語」寄りに日本語を使用しながら「非統一的な言語態」をつくろうとするのであれば、そこにはまた新たな模索、あるいは選択が必要になる。

現代短歌が「非統一的な言語態」をよしとするかどうか、あるいは現代短歌作者がよしとするかどうかは、もちろん別のことがらではある。しかし、「非統一的な言語態」は言語使用者の多様性を考え併せればむしろ自然なことであり、「統一的な言語態」は自然に成立するものではないだろう。その自然には成立しないであろう「統一的な言語態」は時に「安全圏からの言葉」と重なりそうで、そうした「統一的な言語態」や「安全圏からの言葉」を求める「心性」が災後にことさらに強くなっていないか、と思う。「統一的な言語態」は統一されているために、強く響く可能性がある。

当事者としての私

二〇一一年五月一日に発行された『現代詩手帖』(思潮社)はを「東日本大震災と向き合うために」という特集号としている。この号に和合亮一の「詩の礫 2011.3.16-4.9」が掲載されている。二〇一二年三月一日発行の号では「いまここに、詩の声を――東日本大震災から一年」という特集を組み、二〇一三年五月一日発行の号では「大震災のと、私たちは何を表現するのか」という特集を組んでいる。この号には、吉増剛造と和合亮一の「四辻の棒杭、つぶやきの洞穴」と題された対話が載せられている。

この二〇一三年五月の号には斉藤斎藤の「私の当事者は私だけ、しかし」というタイトルの文章が載せられている。その冒頭には次のようにある。

短歌には、「私性（わたくしせい）」という原則がある。ごく単純化して言うと、作者はじぶんを主人公にして、実生活をベースに、一人称の視点で作歌しなければならないという原則である。裏を返せば、フィクションを三人称で歌にしてはならないという原則だ。かなりゆるんで来ているけれど、現在でもなお私性は、短歌の基盤をなしつづけている。

私性とは、最もせまく、最もつよい当事者主義である。私の当事者は私だけだ。あなたの当事者はあなただけなのだから、私はあなたの体験を語るべきではない、というのだから。

（七十四頁）

右に「かなりゆるんで来ているけれど」とあるように、「じぶんを主人公にして、実生活をベースに、一人称の視点で」つくられていない作品がこれまで稀少であったということはないであろうし、むしろ斉藤斎藤いうところの「短歌の私性」をのりこえる、あるいはそれに肩透かしをする、という試みは積極的になされてきたともいえよう。しかしまた、短歌には「私性」が一つの型としてはりついているとみることもできるだろう。

日本語は主語を文中に要素として明示しなくてもよいタイプの言語といえよう。そうであっても、文には主語にあたるものがあるのが一般的で、その主語の視点によって、文が文としてまとめられている、とみるのが一般的であろう。そう考えると、「短歌には私性がある」という「みかた」は「日本語でつくる短歌には私性がある」ということともいえるのではないか。「私性」がはりついているのは、短詩型文学としての短歌であると同時に、それをかたちづくる言語である日本語でもあるとみることができるのではないか、ということだ。

それはそれとして、右に掲げた斉藤斎藤の言説の中で、「私はあなたの体験を語るべきではない」という行りは、筆者としては「私はあなたの体験をあなた自身になって語ることはできない」あるいは「私が語るあなたの体験は結局は私の体験としてしか語れない」「私が語るとあなたの体験は私の体験になってしまう」と表現したい。

私は同時にあなたにはなれないのだから、私が語るものはすべて私の視点から語られるということだ。これはごく自然な「みかた」であろう。同じように、私が含まれていない私たちもないことになる。自身が「わたしたち」と言いながら、実はその「わたしたち」には自身が含まれていないことなど考えられない。そうだとすると、自身ではない他者が「わたしたち」と言った、その「わたしたち」にはどう考えても自分が含まれていないと思った時、その「わたしたち」に含まれていない自分がいごこちのわるいものになりそうだ。「そんなに簡単に私を仲間にするな」とか「勝手に私を仲間にするな」などと思うかもしれない。学術論文などでも、不意に「わたしたち」と言い出す人がいる。「わたしたちは一般的には〜と考えているが」「いやいや、私は考えてませんけど」と思って、なんだか間がわるい。

『文藝』(二〇一五年夏号、河出書房新社)には「震災と詩歌——過去、現在、そして未来と向き合う「言葉」たち」というタイトルで、詩人の平田俊子、歌人の川野里子、俳人の小川軽舟による鼎談が載せられている。ちなみにいえば筆者は「タチ」という、現代日本語では人間に使う接尾辞を人間以外に使う(つまり、擬人的に表現するということであろうが)ことがどうにも好きになれない。一言でいえば甘ったるいと感じる。余計なことですが。

その鼎談の中で、川野里子が「戦後日本が焼け野原になってもう一度立ち上がるとき、今まで共有していた「われ」や「われわれ」が通じないというので、前衛短歌が起こった。戦前戦中の「われ」や「われわれ」が崩壊した。だからこそ人類という「われわれ」や女という「われわれ」が名乗りを上げた。新しい「われわれ」を誕生させたのが前衛短歌だったと思います」(二〇八頁)と述べ、小川軽舟は「ツイッターという新しいツールで「私」が「われわれ」になっていくプロセスが見られた」(二一〇頁)と述べている。平田俊子は「詩で「あなた」というとき、限定される大事な人や、反対に抽象的な存在である「あなた」を指すように思うのですが（略）誰なのかよくわからない人に「愛しい」「大切」と呼びかける」（二一〇頁）ことを話題にしている。

詩人、歌人、俳人によるこの鼎談は、日本語による詩というものについて考えるためのキーワードがちりばめられているように感じた。俳人の小川軽舟は「俳句短歌は、自分も作る人が主たる読者です。だから、ある意味自分の言葉でありながらただちに他の人たちの言葉でもあるという、共同体的な感じがある」（一〇四頁）と述べ、歌人の川野里子は「季語には人間を俯瞰するまなざしがある」（一〇五頁）と述べている。詩人の平田俊子は「詩は時間をかけて言葉を紡ぐものという不文律があります（略）「今」より「永遠」を重んじる」（二一〇頁）と述べる。

「共同体の言語」が失われていく、ということはいま日本語が直面している一つのことがらであろう。それが良いとか悪いとかいうことではなく、確実にそれが進行しているといってよいだろう。筆者はずっと季語というものがわからなかった。五七五で極度に言語量が制限されているのに、なぜ季語を使うのかということだ。しかし季語が、適度に俯瞰的な枠組みを与えていて、その枠組みの中で表現を展開させることで、バランスをとっていると考えると、よくわかる。そして、季語が長い間に練られてきていることを考え併せると、そこには俳句の歴史が凝縮していることになる。歴史はいうまでもなく、時間と深くかかわる。時間をかけて積み重ねていく、そしてその積み重ねられているものを丁寧に扱って、未来へつなげる、という「心性」が大事ではないか。

筆者が『文藝』に右の三者による鼎談が載せられていることを知ったのは、二〇一五年四月二十日の『朝日新聞』の「朝日歌壇俳壇」面に載せられていた、歌人の松村由利子による「短歌時評　未来へ言葉を紡ぐ」によってだった。そこからもう五年が経過した。

強いことばでぼんやり、大きく

関東大震災後の文章が「肩の張った候文」や「鹿つめらしい文語」になったのは、「強いことば」が無意識裡に求められたからであろう。「この際だから」は「ぼんやりしたことば」だ。「この際」だとどうしてそうしなければならないのですか？　と聞かれたら、おそらく明確な返答はなかっただろう。「この際だから」は「【ことがら】情報」を伝えているわけでも、「【感情・感覚】情報」を伝えているわけでもない。曖昧にニヤニヤしているようなことばだ。

ことがらを抽象的に、大きく捉える必要があることはもちろんある。だからそれがだめだといっているのではない。しかし「抽象」にはそこに至るプロセスがあるはずで、プロセスがあれば、これこれの「具体」を煮詰めてそういう「抽象」になっているのだ、という説明ができる。説明ができない「抽象」が「具体」に裏打ちされていない「抽象」で、「impractical proposition（机上の空論）」ということになるだろう。

斎藤茂吉の戦争詠

本章の最後に再び斎藤茂吉の短歌作品に戻ってみたい。ここまでは災後、すなわち自然災害の後の言語のありかたについて考えてきたが、ここでは戦争をめぐる言語について考えてみたい。

その前に少し、日本がどのような状況下にあったかについて整理しておこう。

昭和十三（一九三八）年の四月に国家総動員法が公布され、翌十四年の七月には国民徴用令が公布される。昭和十五年の九月には日独伊三国同盟が締結され、十月には大政翼賛会が発足する。十一月には紀元二六〇〇年記念式典が行なわれる。昭和十六年十月に東條英機内閣が成立し、その十二月にはイギリス・アメリカに宣戦布告をして、いわゆる太平洋戦争が始まる。

昭和十二年から十四年にかけて本巻九巻に「宮廷篇」と補遺「総索引」を加えた十一巻の『新万葉集』(改造社)が編まれた。本巻の作者は六六七五人、収められた歌の数は二万六六七八三首で、太田水穂、北原白秋、窪田空穂、斎藤茂吉、佐佐木信綱、釈迢空、土岐善麿、前田夕暮、与謝野晶子、尾上柴舟の十人が選歌にあたり、明治、大正、昭和にわたり、朝鮮、台湾、満州、北米、南米、ハワイ在住者なども含め、ひろく作品が集められた。ただし、募集が広告されたのが昭和十二(一九三七)年三月で、締め切りが五月末日であったため、同年七月にいわゆる「盧溝橋事件」を契機として拡大していく「日中戦争」を詠み込んだ歌などはみられないことが指摘されている。しかし、第九巻に載せられている、改造社社長山本実彦の「新万葉集公刊」にあたっての「宣言」には次のようにある。

我短歌芸術は世界に特立するものであり、そして我民族の生活、言語、思想、風俗を裏づける正統芸術だ。建国二千六百年、我民族は主として三十一文字の形式によりて思想、感情を表現してきた。(略)今日の我民族の悃地や境遇はモツトその当時より豪壮に、モット環境が雄大に躍昇せることを思はねばならない。すなはち、単に、防人の場合に考へて見ても、現下は満洲、蒙古、台湾等々に我が支配力の拡大せるに見て、それ等の異国情緒が我が伝統精神と融合して新万葉集に溶け登載さるべきであり、そして我が十名の審査員も家持のもつた心を推しひろげて、おそらく、さうした特異の題材に重要な関心を持たれてをるだらうことを信ずる。(略)

嗚呼、上は三代の　陛下を初めたてまつり、下は民衆のすべてがここに新万葉集を囲んで新たに一体を国家の前途に誓ふとき、この集の生命こそ日本民族のつづくかぎり、永遠不朽であり、そして永久の日本精神の新たなる父母とならなければならぬ運命に置かれてをるのだ。さう思ふとき私はこの光栄ある事務方面を担当してただ感激にふるへてをるのだ。

「世界に特立」「我民族」「建国二千六百年」「雄大に躍昇」「我が支配力」「我が伝統精神」「国家の前途」「日本民族」「日本精神」といった表現が並ぶ。「我《わが》」は「われわれの」あるいは少し和らげれば「わたしたちの」ということで、右のような言説に「我《わが》」が頻用されることには留意しておきたい。現在使われるある種の「われわれ・わたしたち」と同じような

「トーン（口調）」を持っているように思われる。

一九三六年十一月には「大日本歌人協会」が発足している。名誉会員として佐佐木信綱、尾上柴舟、金子薫園、窪田空穂、与謝野晶子らとともに、五十五歳の斎藤茂吉が選ばれている。大日本歌人協会は従軍歌人の作品から二七〇四首を選んで、『支那事変歌集　戦地篇』（一九三八年十二月、改造社）を刊行する。同様の歌集として、読売新聞社編、佐佐木信綱・斎藤茂吉選『支那事変歌集』（一九三八年十二月、三省堂）、斎藤茂吉・土屋文明編『アララギ年刊歌集別篇　支那事変歌集』（一九四〇年十月、岩波書店）なども刊行されている。

ここでは『支那事変歌集』（三省堂）に収められている作品をあげておくことにする。作品には居住地と作者名とが附されているが、作者名は省く。

階段に女車掌等うづくまりプリント見つつ軍歌うたひをり　北支派遣軍　（六頁）
今宵また重爆機の音はつとして病院のベッドに寝がへりをうつ　東京市（帰還兵）（九頁）
歩哨線越えて蛍の流れゆく星もあやしと見ゆる夜かな　上海派遣軍　（十七頁）
みいくさの兵器作ると勤《いそ》しめり重き務の鉄工われは　新潟県　（一九二頁）
応召兵発《た》つ時刻なり給桑を妻に頼みて駅に急ぎぬ　岐阜県　（一九五頁）

それでは斎藤茂吉の作品について考えてみよう。まず、塚本邦雄『茂吉秀歌『白桃』『暁紅』『寒雲』『のぼり路』百首』（一九八五年、文藝春秋）から彼の言説を引用しておきたい。

昭和十一年、国号が「大日本帝国」に統一され、二・二六事件が勃り、つひに『寒雲』昭和十二年八月には、聖戦謳歌の魁とも言ふべき一種の応制和歌が現はれるに至る。上海事変が支那事変と改称された同年晩秋以降は、ニュース映画に取材した、いはゆる「戦争詠」が歌集中にも踵を接して頻頻と登場するやうになる。十七歌集の他に数へられてゐる、未刊歌集「いきほひ・とどろき・くろがね」等に一括され別扱ひとなつた、正真正銘の戦争短歌の制作は、実は既にこの時点で始まつてゐた。第四巻の問題点の一つは、初期戦争短歌の評価と処理にあつた。作者個人の人間関係に纏《まつは》る愛憎は、むしろこの時従たる問題となる。昭和十年代前半に、まさに青春を迎へようとし、結果的には戦争によつてそれを完膚なきまでに蝕まれた私にとつて、茂吉のいたましい戦争体験は他人事《ひとごと》ではなかつた。私の身の上であつたら、何をいかに歌つてゐたかを思ふ時、たとへそれが応制の、そらぞらしい儀礼的捷戦祝歌であつても、虚心に読み過すことも、まして、弾劾非難の対象にすることも不可能であつた。抽象論はこの場合不毛であらう。

結論として私は、「撃ちてしやまむ」調作品群であらうと、ニュース映画再現風連作であらうと、その中に秀歌が含まれてゐるなら、躊躇することなく、これを顕彰する方針を取る所存であつた。作者の戦争責任云云について言及し、それを作品価値判定の基準にすることなど、さらさら私の任ではない。

結果的に、応制的作品を主とする「撃ちてしやまむ」詠には、今回の百首選中に採り得るものは、ただの一首もなかつた。すべて空疎であり、写生とも象徴とも関りのない凡作で占められてゐた。私の不採理由はただその一事に因り、私自身の劇しい戦争憎悪にのみ照らしたゆゑではない。戦争短歌にも秀作はあり得る。そして一方、ニュース映画と新聞記事に触発された夥しい歌群中には、間歇的にではあるが、心を搏つ佳品が見られた。ほぼ半世紀に近い時を隔てて、なほ無条件に、感動を誘ふ「戦争詠」が、『寒雲』以後に見出し得ることを、読者の幸福とせねばなるまい。いつかまた同じ状況に追ひこまれた時、詩歌人の処すべき指針が、この中に秘められてゐるかも知れない。

（十六～十八頁）

「制」には〈みことのり・詔勅〉という語義があり、「応制」は〈詔勅に従って詩歌を詠進すること〉。いささか引用が長くなったが、塚本邦雄にとって、「秀歌」かどうかが「百首選中に採」るかどうかの基準であった。それはその通りだと思う一方で、それを貫くことは容易ではないかもしれないと思う。本書は広い意味合いで「ことばをみがく」ということをテーマにしている。したがって、ここでは、「戦争詠」がどのようなことばによってかたちづくられているか、ということに話題を絞ることにする。

まず塚本邦雄は「応制和歌」「撃ちてしやまむ詠」とニュース映画に取材した「戦争詠」とを分けている。中野重治も『斎藤茂吉ノート』において、茂吉の「戦争詠」を二つに分けている。中野重治は『渡邊直己歌集』にふれながら、茂吉について述べている。渡邊直己は『アララギ』の会員であったが、昭和十二（一九三七）年に、陸軍少尉として中国にわたる。河北省天津市、山東省済南市、湖北省漢口を転戦するが、昭和十四年に、河北省天津市にて戦死している。『渡邊直己歌集』は昭和十五年に出版されている。

中野重治は渡邊直己の作品を「戦場における戦闘者一般の緊迫感、またそれの渡辺その人に特殊な緊迫感が、その戦地吟のすべてをつらぬいて鳴つている」と評価している。そして「このような作が茂吉には見られない。それは当然であり、自然でもあろう。その茂吉の戦争吟は大雑把に二つに分けて見ることができる」と述べる。中野重治は茂吉の作品五首をあげて、「これらが第一のものである」と述べ、さらに五首をあげて「これらが第二のものである。第二のものは、茂吉のいわゆる「思想的抒情詩」とはいえぬとしても、しかもやはり鷗外の「感境体」の詩に近いものであろう。そしてこの種のものが渡辺にはないのである」（定本版『中野重治全集』第十七巻、一九九七年、筑摩書房、九十六〜九十八頁）と述べる。「第一のもの」については、説明をしていない。

そしてさらに伊藤左千夫の戦争吟を話題にして、左千夫のそれは「私が大雑把に分けた時の茂吉の第二類の歌に大雑把に比較されよう。なお正確にいえば、ここには茂吉に見られた二種の区別が大雑把にも見られぬというべきであろう。そこで比較してみる場合、左千夫のは中身が単純・透明であり、それによつてかえつて強いうねりを持つ。茂吉のものは、（略）総体として抽象的である。補つていえば、この左千夫において、歌柄は大まかなままの彼の個に即しているが、茂吉においては、それがそれほどにうまく行つていないのである。言いかえれば、そこで一方が抽象的なものとなり、それと裏表の関係において宋美齢の歌などが出来たのであろう。もう一度言いかえれば、左千夫の日露戦争吟は、左千夫の歌として必ずしも格別のものではない。（略）それだけ日露戦争は、左千夫にとつて単純・透明であつた」（一〇〇〜一〇一頁）と述べている。

中野重治の言説は「大雑把」を四度も繰り返しており、わかりやすくはない。それはそれとして、伊藤左千夫の戦争吟が「単純・透明であり、それによつてかえつて強いうねりを持つ」と述べていることには注意しておきたい。それは左千夫の個性でもあり、日露戦争がどう受け止められていたかということと無関係ではない。戦争や災害を個としてどう受け止めるか、あるいは何らかの集団の成員としてどう受け止めるか、ということが（当たり前のことともいえるが）作品に反照する。いまここでは便宜的に「戦争吟」という表現によって、「戦争にかかわる短歌作品」を括った。しかしそれは、それこそ大雑把な括りかたである。「戦争にかかわる短歌作品」をつくるかどうか、が「分岐点」ではないはずだからである。しかし、それはまた本書のテーマと（無関係ではないが）離れるので、ここでは措く。

塚本邦雄は、自身が「応制和歌」「撃ちてしやまむ詠」と呼んだグループについて、「すべて空疎であり、写生とも象徴とも関りのない凡作」と述べているのは、むしろ当然であろう。「写生」をどのように定義し、位置付けるにしても、「写生」を信条とする茂吉が「具体」を起点としないで歌作ができるとは考え難い。それに対して、たとえ「ニュース映画」にせよ、その映像は「具体」ということはできるであろうから、そうした（ずいぶんと間接的ではあるが）「具体」から「佳品」ができた、ということであろう。塚本邦雄は『寒雲』に収められている次の作品を採りあげている。「戦車の音」と名づけられた連作五首の冒頭に置かれた、昭和十二（一九三七）年の作品である。

②嬬《つま》ゆゑに心なやましきことなしと上海戦線に蕎麦うつところ

戦勝の、意気盛んなひととき、野戦料理には、腕に覚えの兵隊が、この時ぞとばかり活躍する。たまたま蕎麦の収穫期ゆえ、故国を偲んで早速、信州・雲州出身者、あるいは生業を饂飩・蕎麦の食堂経営とする者が、腕を振ふ。蕎麦はもともと雲南省の原産、これが次第に北上して行き、焼畑農耕の最も重要な補助作物であつたから、むしろ上海の方が調理法こそ違へ元祖であつた。

髭武者は日灼けした顔を綻ばせ、丼を抱へながら言ふ。「いやあ、女房のことは忘れたよ、わが輩は目下食ひ気一本槍」などと。何が「心なやましきことなし」であらう。病で臥せつてゐる妻もゐよう。蜜月を中断されて途方に暮れてゐる幼妻も、乳飲み子に腕白計五人を養ひかねて、おろおろしてゐる細君もゐるだらう。だが、「検閲」が、泣き言を切り捨てる。上官の眼が光り、互の監視が偽証を強ひる。そして何よりも、男の虚栄とあはれな痩我慢が、肩肘を張らせ、「なやましきことなし」と心にもない科白を操らせる。その虚実のあはれを「ことなしと」の「と」が、かつまた、カメラ・アイをさつと切換へたかの下句が、一瞬映し出して消える。間接報道短歌の秀作の一つだらう。

（『茂吉秀歌『白桃』『暁紅』『寒雲』『のぼり路』百首』二三〇〜二三一頁）

斎藤茂吉自身は、昭和十七（一九四二）年四月に「制服的歌」という文章を『アララギ』に載せている。引用は『斎藤茂吉全集』第八巻（一九七三年、岩波書店）による。

アララギの投稿規則で期日が極まつてゐるから、投稿に遅い早いの差別はあつても、さうたいした差別はないといふことになる。然るに大東亜戦争はぐんぐん進展したから、五月号に載る歌は、何だか遠い過去の事柄のやうな心持のせぬこともない。それほどの雄渾壮大な戦果である。

さういふ大戦果に較べると歌の方は何となし果《はか》ないやうな気持である。戦争がはじまると、歌人は勇奮感激して歌を作り、また放送局でも雑誌でも新聞でも競うて戦争の歌を徴求し、ここに於て歌も武装せざることを得なかつた。

そして実際歌壇は武装した。しかしその武装は一様の武装で、千差万別各人各別といふわけには行かなかつた。なぜかといふに、事実が一つで、それを報道する新聞などの文章もまた一つだからである。その一つの材料に数千の歌人、数万の歌人が寄つてたかつて作歌するのであるから、いきほひ、一つの材料だけの歌に始終し、単調にならざることを得ぬ運命になつた。私はさういふ歌に、『制服的歌《ユニフォームてきうた》』といふ名を附けて、みづからを慰めた。併しこの制服的歌はもはや国家的で、個人的でないのだから、善悪優劣について彼此いふべき性質のものではあるまい、さう云はざることを得なかつた。

制服的歌には、『神兵』といふ語が実に多かつた。これは或歌人一人がはじめたのでなしに、新聞の報道語であらう。また『天兵くだる』といふ語も実に多かつた。これは『天兵』といふ支那本来の熟語に拠らずに、落下傘部隊に附けた名であつた。これも謂はば制服的表現の一つであるだらう。また、この制服的歌の例に次の如きがある。

大御稜威の下《もと》すめらみ軍神のごとしシンガポール陥つシンガポール陥つ　（佐佐木信綱）

大御稜威大きなるかなや眼前《がんぜん》にシンガポール陥つシンガポール陥つ　（斎藤茂吉）

この二つはシンガポールの陥落したとき、放送局から放送せられたものであるから、二人の作に前後の差別はなく、期せずして全く同一の下の句を得たのであつた。
（七四三〜七四五頁）

茂吉は「事実が一つ」と述べているが、その場合の「事実」とは何だろうか。自身が戦争にかかわっていない人に提示されている「情報が一つ」ということであろう。「情報が一つ」しか提示されていないということについては、また考える必要がある。それにしても、佐佐木信綱と斎藤茂吉が同じ下句をつくるということは驚きであるが、これが「事実は一つ」を起点とした作歌、「制服的歌」ということであろう。

塚本邦雄は②の句をあげた後に、『寒雲』に収められている作品を六首あげた上で、「この歌が千首並んだとて、十五年三月刊の『渡邊直己歌集』の、みづからの命と引換へにした前線詠の精華一冊には、決して及びはしない。その事実は茂吉自身が一番良く知つてゐるだらう。現実の体験を最優先させた作歌理念は、口が腐つても、ニュース映画中断短歌が、生粋《きつすい》の戦場詠に勝るとは言はしめないはずである」（『茂吉秀歌『白桃』『暁紅』『寒雲』『のぼり路』百首』二三二頁）と述べている。その『渡邊直己歌集』（一九四〇年、呉アララギ会）には次のような作品が収められている。

露も置かぬ大陸の朝にほのぼのと光来《きた》れば生くる思ひあり
慌しく逃れしあとか炕《かん》の上にふかしたるままの薩摩芋あり
樺枯れし丘に夥しき墓標ありここに悲惨なる攻防が続けられき
闘争と興奮との吾が意識圏に時に晴れたる蒼空があり
アネモネの花紅々と咲き出でぬ戦ひて大陸の春も更けたり

先に「「写生」をどのように定義し、位置付けるにしても、「写生」を信条とする茂吉が「具体」を起点としないで歌作ができるとは考え難い。それに対して、たとえ「ニュース映画」にせよ、その映像は「具体」ということはできるであろうから、そうした（ずいぶんと間接的ではあるが）「具体」から「佳品」ができた、ということであろう」と述べた。茂吉にとっては「写生」といえるような観察ができるかどうかがいわば「生命線」であったといえよう。

それは、茂吉を離れてある程度一般化できることであろう。「具体」の裏打ちのない「抽象」は空疎、空虚になりやすく、単なる「まとめ」になりやすい。「具体」の裏打ちを欠く「抽象」は時に、人々を「回収する力のある強いことば」として提示されることがある。それは、単純であり、抽象的であるために「かえつて強いうねりを持つ」ことがある。なぜならそれは具体的に検討することができない、具体的に反論することができない、反証不可能な言説であるからだ。

自然災害、戦争といった、日常生活を脅かすようなできごとに遭遇した時、あるいは遭遇した後、そうした状況下においてどのように「情報」を言語によってやりとりすればよいか、については、折にふれて考えておく必要があるだろう。

参考文献一覧

［**斎藤茂吉**］
『齋藤茂吉全集』一九七三～一九七四年、岩波書店
第一巻『赤光』／『あらたま』／『つゆじも』／『遠遊』所収
第二巻『ともしび』／『白桃』／『暁紅』所収
第三巻『寒雲』／『白き山』所収
第五巻「左千夫先生のこと」／「思出す事ども」所収
第八巻「制服的歌」所収
第九巻『童馬漫語』『短歌写生の説』所収
第十一巻「伊藤左千夫先生が事ども」所収
第二十八巻「手帳四十五」所収
『作歌四十年』（一九七一年、筑摩書房）

［参考文献］
芥川龍之介「僻見」（『芥川龍之介全集』第十一巻、一九九六年、岩波書店）
芥川龍之介「或阿呆の一生」（『芥川龍之介全集』第十六巻、一九九六年、岩波書店）
アララギ発行所編『大正十二年　震災歌集　灰燼集』（一九二四年、古今書院）
岩田亨『斎藤茂吉と佐藤佐太郎　二十世紀の抒情詩人』（二〇一三年、角川学芸出版）
大島史洋『斎藤茂吉の百首』（二〇一六年、ふらんす堂）
大辻隆弘「読みのアナーキズム」（『短歌』二〇一五年七月号）
大辻隆弘『近代短歌の範型』（二〇一五年、六花書林）
岡井隆『遥かなる斎藤茂吉』（一九七九年、思潮社）
岡井隆『短歌の世界』（一九九五年、岩波新書）
岡井隆、小池光、永田和宏『斎藤茂吉――その迷宮に遊ぶ』（一九九八年、砂子屋書房）
小川未明「日本的童話の提唱」（『定本小川未明童話全集』12、一九七七年、講談社）
奥野信太郎『随筆東京』（一九五一年、東和社）
小倉真理子『斎藤茂吉』（コレクション日本歌人選、二〇一一年、笠間書院）
小栗虫太郎『【「新青年」版】黒死館殺人事件』（二〇一七年、作品社）
改造社編『新万葉集』（一九三八～一九三九年、改造社）
北原白秋『桐の花』（『白秋全歌集』Ⅰ、一九九〇年、岩波書店）
木俣修『故園の霜　自註』（一九八二年、短歌新聞社）
木俣修『互評自註歌集　高志』（一九四九年、大日本雄弁会講談社）

木俣修『高志』（一九四二年、墨水書房）
木俣修『美知乃久』（一九四七年、文化書院）
久米正雄『久米正雄作品集』（二〇一九年、岩波文庫）
小池光「服部真里子「塩と契約」を読む」（『短歌』二〇一五年四月号、ＫＡＤＯＫＡＷＡ）
小高賢編『近代短歌の鑑賞77』（二〇〇二年、新書館）
西條八十・水谷まさる等著『散文・詩集　噎東京』（一九二三年、交蘭社）
斉藤斎藤「私の当事者は私だけ、しかし」（『現代詩手帖』二〇一三年五月、思潮社）
斎藤茂吉・土屋文明編『アララギ年刊歌集別篇　支那事変歌集』（一九四〇年、岩波書店）
佐藤佐太郎『歩道』（一九四〇年、八雲書林）
佐藤佐太郎『純粋短歌』（一九五三年、宝文館）
佐藤佐太郎『茂吉秀歌上巻』（一九七八年、岩波新書）
佐藤佐太郎『短歌を作るこころ』（二〇〇五年、角川書店）
佐藤佐太郎『互評自註歌集　歩道』（二〇〇九年、短歌新聞社選書）
柴生田稔『斎藤茂吉伝』（一九七九年、新潮社）
島村利正『残菊抄』（一九五七年、三笠書房）
島村利正『青い沼』（一九七五年、新潮社）
詩話会編『震災詩集　災禍の上に』（一九二三年、新潮社）
大日本歌人協会編『支那事変歌集　戦地篇』（一九三八年十二月、改造社）
太宰治「女の決闘」（青空文庫より）

太宰治「人間失格」（青空文庫より）
多田不二「焦土に立つ」（『震災詩集　災禍の上に』一九二三年、新潮社）
田中ゆかり『「方言コスプレ」の時代――ニセ関西弁から龍馬語まで』（二〇一一年、岩波書店）
千葉亀雄「震災と文化的影響」（『改造』一九二三年十月号）
千葉亀雄「新感覚派の誕生」（『世紀』一九二四年十一月号）
塚本邦雄『茂吉秀歌『赤光』百首』（一九七七年、文藝春秋）
塚本邦雄『茂吉秀歌『あらたま』百首』（一九七八年、文藝春秋）
塚本邦雄『茂吉秀歌『つゆじも』『遠遊』『遍歴』『ともしび』『たかはら』『連山』『石泉』百首』（一九八一年、文藝春秋）
塚本邦雄『茂吉秀歌『白桃』『暁紅』『寒雲』『のぼり路』百首』（一九八五年、文藝春秋）
塚本邦雄『茂吉秀歌『霜』『小園』『白き山』『つきかげ』百首』（一九八七年、文藝春秋）
テレヘン、トーン著、長山さき訳『ハリネズミの願い』（二〇一六年、新潮社）
寺田寅彦『科学と科学者のはなし』（二〇〇〇年、岩波少年文庫）
東京市編纂『帝都復興叢書　第四輯　詩集　市民の歌へる』（一九二四年、帝都復興叢書刊行会）
永田和宏「非決定性の揺らぎのなかで」（『短歌』二〇一三年三月号、角川学芸出版）
永田和宏『近代秀歌』（二〇一三年、岩波新書）
中野重治『斎藤茂吉ノート』（一九九五年、ちくま学芸文庫）

中村稔『斎藤茂吉私論』(一九八三年、朝日新聞社)
夏目漱石『三四郎』(『定本漱石全集』第五巻、二〇一七年、岩波書店)
夏目漱石『門』(『定本漱石全集』第六巻、二〇一七年、岩波書店)
夏目漱石『文学論』(『定本漱石全集』第十四巻、二〇一七年、岩波書店)
『日本名歌集成』(一九八八年、學燈社)
長谷川孝士編『斎藤茂吉歌集[赤光・あらたま・暁紅]総索引』(一九八〇年、清文堂出版)
服部真里子「「わかる」とは何か、「読む」とは何か」(『歌壇』二〇一五年六月号、本阿弥書店)
服部真里子『遠くの敵や硝子を』(二〇一八年、書肆侃侃房)
原田勝正・塩崎文雄編『東京・関東大震災前後』一九九七年、日本経済評論社)
平田俊子・川野里子・小川軽舟「震災と詩歌——過去、現在、そして未来と向き合う「言葉」たち」(『文藝』二〇一五年、河出書房新社)
平野仁啓監修『赤光索引』(一九七三年、たいら書房)
堀江敏幸『いつか王子駅で』(二〇〇一年、新潮社)
前田普羅『普羅句集』(一九三〇年、辛夷社)
水原秋櫻子『近代の秀句』(一九八六年、朝日選書)
宮柊二『小紺珠』(一九四八年、古径社)
本居宣長「うひ山ぶみ」(『本居宣長全集』第一巻、一九六八年、筑摩書房)
柳父章『翻訳とはなにか』(一九七六年、法政大学出版局)

山田航「他者としての〈わたくし〉」(『短歌研究』二〇一四年十一月、短歌研究社)
与謝野晶子『恋衣』(一九〇五年、本郷書房・金尾文淵堂)
吉川宏志「無意識の〈我〉、自然につながる〈我〉」(『短歌研究』二〇一四年十一月号、短歌研究社)
吉田漱『『赤光』全注釈』(一九九一年、短歌新聞社)
吉野秀雄『寒蟬集』(一九四七年、創元社)
吉野秀雄『互評自註歌集　寒蟬集』(一九四九年、大日本雄弁会講談社)
吉本隆明『際限のない詩魂』(二〇〇五年、思潮社)
読売新聞社編、佐佐木信綱・斎藤茂吉選『支那事変歌集』(一九三八年十二月、三省堂)
渡邊直己『渡邊直己歌集』(一九八三年、石川書房)

［**辞書**］
『岩波国語辞典』第八版(二〇一九年、岩波書店)
『角川類語新辞典』(一九八一年、角川書店)
『広辞苑』第七版(二〇一八年、岩波書店)
『三省堂国語辞典』第七版(二〇一四年、三省堂)
『集英社国語辞典』第三版(二〇一二年、集英社)
『新明解国語辞典』第七版(二〇一二年、三省堂)
『大辞泉』第二版(二〇一二年、小学館)

『大辞林』第四版（二〇一九年、三省堂）
『デジタル大辞泉』
『日本語オノマトペ辞典』（小野正弘編、二〇〇七年、小学館）
『日本語学大辞典』（二〇一八年、東京堂出版）
『日本国語大辞典』第二版（二〇〇三年、小学館）
『日本語語感の辞典』（中村明、二〇一〇年、岩波書店）
『明鏡国語辞典』第二版（二〇一〇年、大修館書店）
『明治・大正・昭和の新語・流行語辞典』（米川明彦、二〇〇二年、三省堂）

［ほか］
『朝日新聞』（朝日新聞記事検索データベース「聞蔵Ⅱ」）
『現代の国語2』（二〇一九年二月、三省堂）
『小学高学年自由自在国語』（二〇一九年新装第六刷、受験研究社）
『新編新しい国語2』（二〇一六年二月、東京書籍）
『精選現代文改訂版』（二〇一二年一月、筑摩書房）

おわりに

二〇一九年四月に出版した『日日是日本語』（岩波書店）は二〇一八年一月から同年十二月までの一年間の「日本語日記」をまとめたものだ。「まえがき」には「名づけて「日本語いちゃもん日記」。ここも「（笑）」が必要だ」と記した。そこには記さなかったが、この「日本語いちゃもん日記」には少しいきさつがある。二〇一五年頃に、筆者が、当時の日本語について気になる点をまとめた新書一冊分ぐらいの原稿を書いた。出版されることを前提としていたが、それは出版されなかった。筆者の「いちゃもん」に過ぎなくて、読者の同感を得られないだろうという判断が最終的になされたためだ。

しかし、日本語の状況はこの三年間ほどでずいぶん変わってきているように感じる。「粗い思考」は「粗い言語」で表現されやすい。「粗い思考」はもちろん「粗い情報」だから、「情報」が粗いのに、それを精緻な言語で言語化したら、「情報」が粗い、すなわち思考が粗いことがわかってしまう。

画素数の少ないカメラで撮影した画像を拡大しても、あるところからは画像がぼけてしまうようなものだ。「拡大」は細かいところまでよくみるということだから、そうした精緻な観察には、それに応じた画素数が必要だということだ。結局画素数の少ないカメラでは、細部をきちんととらえることができないということになる。

だから「粗い思考」は（意識的にせよ、無意識的にせよ）「粗い言語」で表現されることが多い。意識的にそうしている人は、自身の思考が粗いことを知っている。無意識的にそうしてしまっている人は、自身の思考が粗いことも、自身の使う言語が粗いことも気づいていないかもしれない。これは発信者、すなわち「話し手・書き手」側からの「みかた」だ。

受信者、すなわち「聞き手・読み手」側からみれば、「粗い言語」にばかり接しているうちに、そういう言語態になれてしまう。「粗い言語」を「深くよむ」ことはできないから、「深くよむ」こともされなくなる。「深くよむ」はもちろん「深く考える」ということだ。発信者の「粗い思考」は「粗い言語」という「回路＝ケーブル」によって、受信者に届けられる。こうして、受信者の思考も粗くなる。

　本書では、「はなしことば」「書きことば」二つの言語態の、「書きことば」に重点を置いた。それはそもそも「書きことば」が複雑な「情報」を効率よく伝えるためにつくられた「器」であるからだ。「書きことば」には「書きことば」の歴史がある。「はなしことば」は現場性が強いが、話すそばから消えていく。「情報」の保存には向かない。「情報」の保存とは、過去から現在に至るまで、この日本列島上にあった「情報」をすべて保存するということを一つの「極」として、必要に応じて、「情報」を蓄積するということだ。かつては、書籍という形態が「情報」の蓄積の一つの代表的なかたちであった。「書籍」という形態がかつてほど重視されなくなり、といっていいか、書籍という形態以外の電子的なかたちが、「情報」のやりとりに使われるようになり、といえばよいか、そこは慎重に考える必要があるが、とにかく「本が売れない」という状況になった。

　それをすぐに「書きことばの後退」とみてよいかどうかもわからないが、「書きことば」でがんいきましょう、という状況でないことはたしかだ。「書きことば」が後退すれば、「はなしことば」がそこに進出してくる。こうして、「書きことばの後退」もしくは「書きことばのはなしことば化」という状況にたちいたった、ということではないだろうか。

思考が粗いから「粗い言語」が拡大したのか、「粗い言語」が拡大したから、思考が粗くなったのか、それもわからないけれども、そういう「状況」になりつつあるのではないか、というのが筆者の近時感じていることだ。これが杞憂であればよいと思うが、どうだろうか。

本書はことばをみがく「スキル」を教えましょう、という成り立ちをしていない。「スキル」ではなく、どうすれば「ことばをみがく」ことができるか、「ことばをみがく」ためには何が大事なのか、ということを述べ、一緒に考えていただくというかたちを採っている。

勤務している大学では一年生全員が履修することになっている必修科目がある。その科目で、大学生として求められる基本的なスキルを修得してもらうようにしているが、日本語のライティングも含まれている。筆者は、科目の統括責任者からの求めによって、ライティングについての授業の運営に協力しているが、そこでは、(当たり前すぎるかもしれないが)、まず自分自身が自分の「かきことば」をみつめ、評価し、改善する必要があれば、自分の考えに基づいて変えていく、ということを重視している。教員が学生の書いた文章を添削するのではなく、まずは「自己添削」をしてみる。その「自己添削」について教員がアドバイスをする。次にはグループワークをしてみて、「相互評価」をしてみる。それによって、自分ではこれで十分と思っている文章が、思いの外思っていることを他者に伝えていないことに気づき、「ああこれでは不十分なんだ」と気づく。こうした「気づき」が重要だ。「ことばをみがく」ということはほんとうに大きなことなので、ちゃちゃっと、とかざっくりと、ということは難しい。どうしても「ああでもないこうでもない」となりやすいので、そこも楽しんでいくという気持ちも大事だろう。

二〇二〇年三月十日の『朝日新聞』夕刊の「社会・総合」面に「車内でせき　罪悪感　新型コロナ拡大」という見出しの記事があった。記事には「慶応大学の平石界准教授（心理学）は「やっかいなのは、正義感だ」と指摘する。自分が正しいと信じ込み、行動する人によって不安が個人から社会に広がっていく。「見えない脅威への不安は制御できない。ただ、正義感から他人を巻き込むような言動をとったり、他人を攻撃したりする行為は制御できる」」とある。

筆者には「制御できる」は「制御できる可能性はある」ということで、実際には「百パーセント制御できる蓋然性はゼロに近い」のではないかと思う。「正義感」を「物事を処理するとき、正義を通そうとする気持」（『日本国語大辞典』第二版）と考えることにしよう。まず「正義」とは何か、ということになる。「正義」というものだって、共同体の成員全員に絶対のものではなく、いろいろな「正義」がありそうだ。絶対でなければ「正義」ではないという考え方だってありそうだ。

何らかのデータをもとにして、科学的な知見を得ることを目的とした「データサイエンス」という考え方、アプローチがある。この場合は、データが分析、考察の起点になっているのだから、そのデータが不正確であったり、あるいは誤っていたりすれば、当然分析や考察がうまくいかないことになる。誤ったデータに基づく分析は正しくはならないと考えるのが自然であろう。データは間違っていたけれども、分析結果は正しいというのであれば、分析方法がおかしかったことになるはずだ。データを改竄するということもある。このデータがいわば「正義」のようなものだとすれば、時には「正義」と考えていることを疑い、「正義」と思っていることを検証することも必要になる。

「正義感」はその「いろいろな正義がありそうだ」という「正義」にさらに「感」がつく。「感」とは「気持ち」だから、「これが正義だと思うという気持ち」で、それはさらに個人個人で異なるだろう。そうなると「正義感」を「制御」することも難しそうだ。

ＪＲでも地下鉄でも駅には、歩きながらスマートフォンを使うのは危険だというポスターが貼ってあり、車内アナウンスなども流れる。筆者は、ＪＲ秋葉原駅のホームで、乗車の際には、いったんスマートフォンの操作を中断してご乗車くださいというようなアナウンスを聞いたことがある。

歩きながらスマートフォンを使うことは「反正義」とまではいえないかもしれない。しかし自動車の運転中にスマートフォンを使っていて、前方不注意で死亡事故を起こすということになると、法律にも触れる。こうなると、「反正義」にちかくなってくる。片手でスマートフォンを操作しながら、自転車に乗っている人もいる。当然前は見ていない。こういう「風景」には毎日遭遇するといってよい。まずはこういうことを「制御」する必要がありそうだ。

長々と述べてきたが、何が言いたいのかといえば、言語をきちんと使うことによって、行動もきちんとできるのではないか、あるいは言語をきちんと使うことによって、自身の思考を整えることができるのではないか、ということだ。

ことばをみがくことは心をみがくことにつながる、では、きれい事スローガンのようであるが、ことばをみがくことは思考をみがくことにつながる。いやことばをみがくことは思考をみがくことそのものではないかと思う。そして、思考が目にみえないことからすれば、目にみえていることばを丁寧に読み、書きすることで、丁寧で筋が通った思考を獲得できるということがある、と考えたい。

今野真二（こんの・しんじ）

1958年神奈川県生まれ。1986年早稲田大学大学院博士課程後期退学。高知大学助教授を経て、清泉女子大学教授。専攻は日本語学。
主な著書に『仮名表記論攷』（清文堂出版、第30回金田一京助博士記念賞受賞）、『振仮名の歴史』（集英社新書）、『消された漱石——明治の日本語の探し方』『文献から読み解く日本語の歴史』（笠間書院）、『文献日本語学』『「言海」と明治の日本語』（港の人）、『正書法のない日本語』（岩波書店）、『百年前の日本語——書きことばが揺れた時代』（岩波新書）、『漢字からみた日本語の歴史』（ちくまプリマー新書）他、多数。

二〇二〇年一一月五日　初版第一刷　発行

春陽堂ライブラリー 3

ことばのみがきかた——短詩に学ぶ日本語入門

著者　今野真二
発行者　伊藤良則
発行所　株式会社 春陽堂書店
〒一〇四―〇〇六一　東京都中央区銀座三―一〇―九　電話　〇三―六二六四―〇八五五
装釘　宗利淳一
DTP　森貝聡恵
校閲協力　株式会社 鷗来堂
印刷・製本　株式会社 シナノパブリッシング

乱丁本・落丁本はお取替えいたします。

ISBN978-4-394-19502-3　C1381